L'École d'impiété

DU MÊME AUTEUR

Croyances et méfiances, L'Âge d'Homme, 1987.

Le Kapo, De Fallois-L'Âge d'Homme, 1989.

Sans cris, L'Âge d'Homme, 1990.

La Jeune Fille brune, L'Âge d'Homme, 1992.

Celle qu'on aime, L'Âge d'Homme, 1994.

La Porte béante, L'Âge d'Homme, 1999.

L'Usage de l'homme, Julliard, 1986 ;
L'Âge d'Homme, 2002.

Le Livre de Blam, Julliard, 1986 ;
L'Âge d'Homme, 2002.

Une nouvelle que je n'ai pas écrite,
Le Serpent à Plumes, 2007.

Alexandre Tišma

L'École d'impiété

Traduit du serbe
par Catherine de Leobardy

motifs

Collection Motifs

MOTIFS n° 279

Titre original : *Škola Bezbožništva*

Illustration de couverture : © Karen Petrossian, Olivier Mazaud, Bernard Perchey

N° ISBN : 978 2 268 06128 3

À PROPOS DE L'AUTEUR

Alexandre Tišma est né en 1924. Il est mort en 2003 à Novi Sad, en Voïvodine (Monténégro). Tišma a combattu les occupants allemands et hongrois aux côtés de Tito en 1944-1945. Plus tard, il a pris position contre Milosevic et a dû quitter son pays, trouvant refuge en France dans les années 90. Il retourna à Novi Sad en 2000. Novi Sad, où a vécu l'auteur, est tristement célèbre en raison du progrom du 21 au 23 janvier 1942 au cours duquel plus de 14 000 juifs ainsi que 500 Serbes perdirent la vie. L'histoire de cette ville au bord du Danube a inspiré l'œuvre de Tišma qui a publié des poèmes, des nouvelles et des romans. Parmi ses textes les plus connus,

L'Usage de l'homme dépeint le tableau vivant d'une petite communauté multinationale de Novi Sad emportée et détruite pendant les années fascistes ; ou encore *Le Kapo*, portrait d'un jeune juif devenu l'instrument des exterminateurs, dans lequel Tišma analyse les comportements sauvages de l'homme corrompu par la terreur et la couardise.

Schneck

Schneck fut réveillé par un mal de tête. L'obscurité de la nuit pesa sur ses yeux. Je vais prendre un comprimé, se dit-il, et au matin ce sera passé. Il remua le bras – ce léger mouvement augmenta la douleur –, mais avant de l'étendre jusqu'à la table de nuit, il se souvint qu'il n'était pas dans son appartement mais à Loznitsa, à l'hôtel, et que ses comprimés étaient au fond de la valise, sur le banc près de la porte. Il n'avait pas envie de se lever, il redoutait de se faire mal en bougeant ; le sommeil lui ferma les yeux tandis qu'il hésitait ; tout en sachant qu'il faisait une bêtise – car il serait malade au réveil – il se rendormit.

Mais au matin Schneck ne souffrait plus. Il s'en étonna : jamais ses maux de tête n'étaient passés sans médicament. C'était une maladie de famille et il en connaissait tous les degrés depuis l'enfance et savait ce qu'il fallait faire. Son père souffrait de l'estomac. Après un repas lourd, il était régulièrement pris de malaises accompagnés de migraines. Sa mère, dolente dès le matin, allait presque toujours tête couverte dans la maison, d'un pas mal assuré, et elle interrompait souvent ses tâches ménagères – qu'elle faisait par bribes, à contrecœur – en s'enfermant des heures entières dans la pénombre de la chambre à coucher. Ils prenaient des remèdes par douzaines, mais essayaient parfois de s'en passer totalement. On entendait alors ce dialogue entre son père et sa mère – l'un d'eux avait le front dans les mains : « Ça passe ? » « Penses-tu, ça serre de plus en plus fort. » « As-tu essayé de boire du café ? » « J'en ai déjà pris trois depuis ce matin, mais ça ne fait rien. » « Eh bien alors, prends un médicament. » Mais lui-même ne se décidait pas facilement à s'en passer, d'autant qu'en comparaison de ses parents, sa tête le faisait beaucoup moins souffrir : tous les trois ou quatre jours, souvent même moins. Il savait maintenant que la douleur pouvait passer toute seule.

Peu après il repartit en voyage. Cette fois-ci pour Sarajevo. En défaisant ses valises à l'hôtel, il s'aperçut qu'il avait oublié ses comprimés. Il en fut contrarié car il était persuadé, un peu par superstition, qu'il allait être pris de migraine avant de trouver une pharmacie. Mais il n'en fut rien cette fois-là encore. Il se mit à s'examiner. Le matin, au lieu d'être engourdi, son esprit était lucide ; au cours de la journée, il remua la tête de droite et de gauche, s'attendant à de la fatigue et à un étourdissement, mais tout était clair et ferme. Lors d'une visite à Liliana Kalaïtch, comme il secouait ainsi la tête, il ne put s'empêcher de lui dire : « Savez-vous ce qui m'arrive ? » (Il la vouvoyait bien que leur liaison fût déjà ancienne). Et à son haussement de sourcil interrogateur, un peu honteux de l'ennuyer avec une vétille : « Voilà deux mois que je n'ai plus mal à la tête. » Mais elle, au lieu de se réjouir ou de montrer l'indifférence qu'une telle déclaration méritait probablement, fronça ses épais sourcils d'un air inquiet et répliqua : « Il ne faut pas que votre tête cesse de vous faire souffrir. » Il se souvint subitement de ce qu'elle voulait dire et regarda ses pieds.

Il se souvint que l'ancien mari de Liliana avait cessé de se plaindre de la tête quand s'était déclarée la maladie de nerfs dont il devait mourir. Liliana lui avait raconté cet étrange phénomène. Elle avait dit cela comme ça, en passant ; un jour que Schneck méditait à haute voix sur le déplacement des maladies dans le corps humain, de la gorge aux reins, puis aux articulations, Liliana, d'un air sombre, avait ajouté : « Vous avez raison, mon mari a cessé d'avoir mal à la tête le jour où est apparue cette horrible maladie. » Car elle n'aimait pas nommer la maladie de son époux ; en général elle évitait le sujet autant que Schneck le recherchait.

C'est que lui, la maladie et la mort de l'ingénieur Zoran Kalaïtch le passionnaient jusqu'à la fascination. Il était en effet à l'origine de l'amour qu'il ressentait pour la veuve. De même que certaines personnes s'attachent aux chats abandonnés, crevant de faim devant les soupiraux, de même que l'on est prêt à adopter un orphelin plutôt que de se charger d'un enfant qui nage dans l'abondance, c'est avec un plaisir compatissant, non dépourvu de complaisance, que Schneck s'était intéressé à Liliana lorsqu'elle avait perdu son mari. Il avait d'ailleurs suivi de très près l'évolution de la maladie qui avait duré quelques années. En effet, les Kalaïtch habitaient devant l'Autokomanda à Belgrade, comme lui-même, et représentaient une sorte d'attraction macabre dans le quartier. Un après-midi ensoleillé que Schneck se reposait après un voyage d'affaire, sa logeuse, une vieille fille retraitée des postes, n'avait pu se retenir de faire irruption dans sa chambre ; elle s'était approchée de la fenêtre et lui avait dit tout excitée, en lui désignant la rue : « Regardez-les, il peut à peine marcher, et il y a encore un an, c'était un vrai gaillard ! » Sur le trottoir d'en face Schneck avait vu un homme de haute taille, dans un beau complet gris clair, qui s'appuyait au bras d'une petite femme ronde, basanée, traînant les pieds à petits pas faibles. Il les avait ensuite revus se promener dans la rue bras dessus, bras dessous, et une autre fois, en rentrant chez lui, il avait aperçu l'ingénieur Kalaïtch qui sortait de chez le barbier qu'il fréquentait lui-même, bien coiffé et frais rasé, cherchant d'un regard inquiet le soutien qui lui manquait. Soudain le beau visage étroit de cet homme, qui se retenait au montant de la porte pour ne pas s'écrouler, s'était illuminé : la petite femme ronde arrivait à sa rencontre presque en courant, illuminée elle aussi du bonheur de le retrouver, et leurs mains s'unirent, là, devant Schneck qui s'était machinalement arrêté. Ils s'étaient appuyés l'un sur l'autre, et étaient repartis, presque confondus, vers leur demeure, une petite maison basse avec un jardin. Il était bouleversé ; un instant il avait envié ce malade juvénile.

Plus tard Schneck avait appris que celui-ci ne sortait plus ; il ne voyait guère la femme non plus, et quand il la rencontra de nouveau, elle était en deuil. Oui, son mari avait fini par mourir, il ne souffrait plus, lui expliqua la logeuse apitoyée. Il avait pour la première fois senti de la grandeur dans la mort de quelqu'un, presque une victoire de l'humanité.

Il revit cependant la veuve, d'abord en noir, puis vêtue des robes colorées habituelles ; il se mit à la saluer, en voisin, et elle lui répondait avec plaisir et curiosité. Par une chaude soirée, après une promenade, comme il passait devant le Café de la Ville, il l'aperçut, seule, à l'une des rares tables qui ne fussent pas combles, et après avoir en vain cherché des yeux une place libre, il lui demanda la permission de s'asseoir. Ils furent tout de suite amis, elle se montra ouverte et gaie, pas le moins du monde conforme à l'idée qu'il s'était faite d'elle, comme d'une femme profondément affligée ; elle lui avoua sans détours qu'elle l'avait, elle aussi, remarqué depuis longtemps, qu'elle savait des choses sur lui. Il l'invita à dîner et elle accepta ; ils parlèrent beaucoup, burent pas mal et le soir même quand il la ramena devant sa porte, échangèrent un premier baiser, passionné et maladroit comme s'ils en étaient à leur première expérience. Il voulut la revoir et elle l'invita à venir prendre le café le lendemain ; elle le reçut dans une pièce séparée du reste de l'appartement, qu'occupaient ses parents ; ils recommencèrent à s'embrasser et devinrent amants.

Mais quand, devant chez elle le premier soir, il avait essayé de la tutoyer, elle avait protesté. « Juste parce que nous nous sommes embrassés ? Non, non, nous en restons au vous. » Il avait immédiatement accepté et n'était plus jamais revenu là-dessus. Cette façon de parler un peu officielle ne lui déplaisait pas, c'était drôle, comme un jeu, et cela marquait une certaine limite à ne pas dépasser. Schneck identifiait cette limite au souvenir du défunt, et Liliana y gagnait à ses yeux. « Elle lui demeure fidèle », se disait-il sans regret, et lui-même souhaitait lui demeurer fidèle, fidèle à l'image de cette ancienne flamme, de cette union, qui l'avaient empli d'un sentiment si doux. Maintenant qu'il aimait Liliana, il continuait à rechercher ce sentiment, et il aimait la questionner sur son mariage. Elle répondait cependant avec réticence, ce qui lui parut également juste, même si cela l'empêchait de satisfaire sa curiosité. Il devait inventer de petites ruses pour la tromper. Il tournait dans l'appartement, nu, entre les divans rapprochés et demandait : « Comment dormiez-vous tous les deux ? Comment étaient placées vos têtes ? » Et il apprenait avec plaisir, presque avec fierté, que leurs têtes reposaient côte à côte, et il pouvait ainsi imaginer leur premier regard le matin dans cette proximité immédiate. Il apprit aussi comment ils se nourrissaient. Elle ne cuisinait pas volontiers. Par conséquent, ils prenaient surtout des repas froids ou vite faits mais allaient, de temps en temps, déjeuner ou dîner dans un restaurant exceptionnellement bon. « Pour un bon repas, nous n'y regardions pas », reconnaissait-elle, et c'était à lui de juger qui des deux était responsable de telles prodigalités. Il supposait que le défunt se pliait à ses désirs à elle, car il avait pu se convaincre qu'elle n'aimait pas s'occuper de la maison, bien qu'elle ne travaillât pas et qu'elle vécût avec ses parents, lui, ancien juge et elle, professeur, tous deux pourvus de retraites confortables. Il lui dit qu'il était étonné qu'elle ne cherche pas de travail alors qu'elle était diplômée de pharmacie, mais son étonnement n'était pas sincère, ce n'était qu'un moyen de fouiller dans ce passé qui l'attirait tant. « Vous parlez comme mon mari », lui répondit-elle irritée, ce qui fit battre son cœur ; cela signifiait qu'il avait trouvé une piste, et encore mieux, puisqu'il venait de se produire un accord inattendu entre le mort et lui. Il désirait lui ressembler le plus possible, car il avait été témoin du bonheur auquel celui-ci était parvenu. Il était en même temps convaincu que ce bonheur était parfaitement justifié. Liliana savait le tirer de rien, plus exactement, de tout ce qu'elle faisait autrement que les autres femmes. Elle ne travaillait pas, ne cuisinait pas, ne faisait pas le ménage ; elle vivait en parasite, à la charge de ses parents comme elle avait été un temps à la charge de son mari ; les jours où venait la femme de ménage, engagée par sa mère, Liliana sortait pour la journée entière, allait lécher les vitrines, s'asseoir aux terrasses des cafés – comme le jour où elle avait rencontré Schneck et s'était liée avec lui. Elle ne faisait pas non plus l'amour à la manière fastidieuse, appliquée, des amoureuses, mais légèrement, presque en jouant, curieuse, malhabile, bien qu'elle eût été mariée plus d'une demi-décennie. Comme si elle en était sortie sans expérience ou qu'elle sortît maintenant encore sans expérience des bras de son amant, de chaque rencontre, de chaque conversation. Rien chez elle ne se poursuivait, chaque rendez-vous était un commencement ; chacune de ses déclarations était inattendue, imprévisible, mais par là même pleine de charme. Il était rare qu'elle offrît quelque chose à Schneck, par simple étourderie, mais si elle pensait à lui proposer un café, comme lors de sa première visite où elle le lui avait d'abord annoncé, cette initiative représentait une véritable innovation : elle se débrouillait difficilement, comme autrefois, avec la vaisselle qu'elle allait chercher dans la cuisine de sa mère, elle devait retourner l'armoire pour trouver le café, le sucre, la cafetière, mais quand elle apparaissait enfin avec le plateau, son large sourire triomphant d'enfant qui a réussi à surmonter son insuffisance compensait les minutes perdues. Schneck la désirait, bien qu'elle ne fût pas jolie ; son corps court et plein, couleur de bronze, sentait l'écorce de jeune arbre, et quand elle sortait du lit pour se laver dans la salle de bains, il n'était pas rassasié d'elle comme des autres, il attendait impatiemment qu'elle lui revînt avec son parfum de fraîcheur, ses plaisanteries, ses questions curieuses, ses froncements de sourcils, ses commentaires, avec la disponibilité de sa vie oisive qui l'enveloppait de douceur et de jeunesse comme une feuille de nénuphar.

Mais il fallait payer ce bonheur par la maladie, comme il s'en rendit compte quand, peu après la fin de ses maux de tête, il sentit une crampe dans la jambe droite. Ce n'était pas douloureux, juste un blocage à la cheville, mais toute la jambe en perdait son aplomb. Il la lançait à présent en avant presque au hasard, comme on lance de la nourriture à la volaille qui de toute manière la ramassera n'importe où – et de fait, sa jambe tombait sur le sol, devenant le support indispensable au lever de l'autre jambe, que ne gênait pas la crampe. Ce n'est que le début, conclut-il, et il interrogea négligemment Liliana à la première occasion : « Depuis combien de temps étiez-vous mariés quand votre mari est tombé malade ? » « Depuis deux ans », répondit-elle en haussant les sourcils, « pourquoi ? » « Comme ça », murmura-t-il en comptant intérieurement les mois. Cela en faisait vingt-cinq depuis le début de leur liaison.

Il ne douta plus que la maladie vînt d'elle, de son contact. Un germe qu'elle portait en elle, imperceptible et inoffensif pour elle-même, mais fatal pour ceux avec qui elle était en contact. Pourtant ses parents, qu'il avait vus à travers les voilages de sa chambre à coucher et dans la rue, marchaient bien sûr comme des vieillards, mais sans cette gêne qui trahit la maladie. Cette maladie ne couvait peut-être que dans ses entrailles, peut-être n'émanait-elle que de là, avec le parfum de fraîcheur que dégageait son corps surtout pendant l'amour, comme un accompagnement enivrant de cette union immédiate.

Il réfléchit à ce qu'il devait faire. Il pouvait la quitter, ce qui interromprait le cours de la maladie, peut-être même arriverait-il à s'en débarrasser avec le temps. Cela lui semblait même être son devoir, il devrait aussi l'avertir et prévenir les services médicaux. Il n'avait jamais entendu parler d'une paralysie dont la source se trouvât dans les organes sexuels d'une femme par ailleurs saine ; mais on connaît bien peu et bien mal les maladies ; combien de découvertes révolutionnaires les éclairent soudain d'un jour entièrement nouveau, inattendu, et, après bien des tâtonnements, en triomphent par l'action de remèdes appropriés.

Mais tandis que ces pensées l'occupaient, il continuait pourtant à la voir. Il quittait souvent Belgrade plusieurs fois par mois pour ses voyages d'affaires, mais lorsqu'il était de retour dans son petit appartement et qu'il se reposait un moment, le silence et la solitude de sa chambre se mettaient à hurler : « Qu'est-ce que tu attends ? Elle est là, à deux pas de toi. Vas-y et détends-toi ! » Il se levait et, en boitillant – ce qu'il ne faisait encore que quand il n'était vu de personne, bien que la crampe rongeât de plus en plus profondément la fermeté de sa jambe droite – il partait la voir, en se jurant toutefois qu'ils ne feraient que parler et qu'il ne la toucherait pas. Et c'était faisable, car elle-même ne cherchait jamais à coucher avec lui, comme si elle oubliait chaque fois l'avoir déjà fait ; elle l'accueillait, joyeuse dans son oisiveté reposante, le questionnait sur son voyage, ses rencontres, cherchant avec une ardeur fébrile à le faire parler des femmes, de ses conquêtes, et le soupçonnant d'avoir couché avec l'une ou l'autre, mais elle le faisait gentiment, sur le ton de la plaisanterie, comme s'il n'était pas son amant mais seulement un bon ami. Pourtant cette impartialité, cette impression qu'elle lui donnait de ne pas lui appartenir, le poussaient à vérifier si Liliana était bien toujours sienne, si ce n'était pas une simple illusion, le fruit de son imagination – la projection de l'image du bonheur qu'un homme mort maintenant depuis longtemps avait connu avec elle – et il l'attirait au lit. Et elle, aussi simplement qu'elle acceptait qu'il se bornât à la conversation, allait préparer le lit, cherchant longuement dans les placards draps, oreillers et couvertures, ce qui renforçait encore le sentiment de légèreté et de fraîcheur et l'amenait insouciant et heureux sur la couche enfin prête.

Schneck avait lui aussi déjà été marié une fois, mais sans être heureux. Quand il ouvrit son cabinet d'avocat, avant la guerre, à Novi Sad, il désira fonder une famille, et comme il était laid – roux, les yeux et les lèvres délavés, le teint rouge – il se choisit, pour compenser, une beauté, fille d'un riche mercier juif, qu'il avait remarquée à la promenade. Mais les autres la remarquaient comme il l'avait fait lui-même et cela devint, quand ils furent mariés, une source de troubles incessants. La jeune femme, Henriette, se pavanait avec son grand corps aux longues jambes, et ses immenses yeux verts, dans des robes, des chaussures et des chapeaux toujours nouveaux pour lesquels elle lui réclamait rageusement de l'argent en lui lançant sa médiocrité à la figure ; pendant qu'il était au bureau et au tribunal, elle recevait chez elle une joyeuse compagnie de voisins et voisines appartenant à la jeunesse dorée et désœuvrée, avec qui elle dansait au son d'un gramophone et emplissait la pièce de fumée de tabac et de vapeurs d'alcool ; Schneck eut même bientôt la preuve qu'elle le trompait. L'humiliation de son mariage agit peut-être sur sa vanité professionnelle – seule satisfaction qui lui restât –, il s'efforça d'oublier sa maison, sa femme, et ne fit que travailler et veiller, loin d'elle, dans son bureau, jusque tard dans la nuit, penché sur ses dossiers, afin d'arriver au tribunal avec des preuves et des propositions habiles et irrécusables par lesquelles il se fit vite connaître. Toutefois cette réputation, qui n'était pour lui qu'une compensation, lui coûta cher encore une fois : dès que la courte guerre d'avril commença à gronder et que l'armée germano-hongroise marcha sur Novi Sad, les avocats allemands le mirent sur la première liste noire et, au lieu de perdre lentement et progressivement sa liberté comme les autres juifs, d'abord le droit au travail et à la propriété, puis, pour finir, le droit à la vie, la Gestapo l'arrêta par surprise chez le barbier un matin qu'il se faisait raser et il fut envoyé à bord d'une voiture particulière au camp récemment créé de Batchka Topola. Sa femme Henriette y fut amenée deux jours plus tard, par un déploiement de zèle supplémentaire ; Schneck s'en aperçut horrifié lors de l'appel au travail qui mettait les prisonniers face à face, sur deux rangs, les hommes d'un côté et les femmes de l'autre. Mais elle ne resta pas longtemps dans le rang, ni dans le baraquement où l'on dormait sur de minces paillasses humides de l'urine des vieillards et des enfants incapables d'attendre la permission du matin. Elle fut remarquée par le commandant du camp ; et comment ne l'aurait-il pas remarquée avec sa peau blanche, ses yeux immenses, élancée comme une cariatide, encore propre et élégante les premiers jours ? Le commandant était très porté sur les femmes et, de plus, séparé de sa famille qu'il avait laissée dans sa Hongrie natale, seul dans ce désert où il représentait le pouvoir suprême. Il la prit au bureau du camp comme femme de ménage. Elle y couchait et y mangeait – sauf quand l'inspection venait de la ville ; elle devint sa maîtresse. Schneck la voyait à présent depuis la file, le matin quand les prisonniers se tenaient sur deux rangs avant de partir aux champs arracher à la main des pommes de terre et le soir quand, morts de fatigue, poussiéreux et rompus, ils répondaient à l'appel ; il la voyait les cheveux épars, dans une robe qui ne lui appartenait pas et dénudait haut ses longues jambes, appuyée à la porte du bâtiment administratif ou traversant la cour en portant sur un plateau le repas du commandant. Il souffrait, se retournait la nuit sur sa couche et au lieu de rêver, voyait passer des images répugnantes de sa débauche. Il avait honte devant ses compagnons de captivité qui savaient tout ; mais c'est elle pourtant qui ne supporta plus de le voir ainsi humilié. La Gestapo, ayant arrêté Schneck sur le sol de la Hongrie agrandie, l'avait livré aux autorités militaires hongroises dont dépendait le camp de Batchka Topola, mais ne cessait pourtant de réclamer jalousement le renvoi des prisonniers originaires du territoire sous occupation allemande. La femme de Schneck suivait de près ces tractations et imagina un moyen de se débarrasser du témoin indésirable. Une voiture militaire découverte pénétra dans la cour du camp ; un officier allemand et deux soldats en descendirent ; l'officier entra dans le bâtiment administratif, un soldat hongrois courut chercher Schneck dans le baraquement des hommes, et quand il l'amena devant la direction, sa femme Henriette apparut à la porte et, désignant le prisonnier de son index pointé, elle dit à l'officier dans un mauvais allemand : « Oui, c'est bien mon mari Stefan Schneck. Il est né en Serbie, son acte de naissance hongrois est faux. » « Elle ment ! » hurla Schneck horrifié en lançant un regard suppliant à l'officier allemand. Mais l'amant de sa femme, le commandant du camp, qui avait aussi assisté à la confrontation, en chemise, les manches retroussées et tête nue, fit signe à ses soldats qui sautèrent sur Schneck et l'envoyèrent à terre à coups de poing. Ils le jetèrent ensuite dans la voiture, l'officier allemand salua, s'embarqua avec ses hommes en poussant le prisonnier sous ses pieds et s'éloigna à toute allure en direction de Belgrade, par le ponton sur le Danube, emportant dans sa poche le document que l'administration du camp lui avait préparé et tapé à la machine.

La troisième conséquence du mariage mal assorti de Schneck fut qu'il se sauva de captivité et de la mort violente qui en eût résulté. À peine était-il arrivé à Belgrade que les Allemands l'enrôlaient dans la compagnie de déblayage des ruines, mais lui, pris de fureur suicidaire devant la trahison de sa femme, au lieu d'obéir patiemment comme à Topola, saisit la première occasion de s'enfuir. Il s'arrêta simplement pour uriner derrière un tas de briques, et comprenant, tandis qu'il reboutonnait son pantalon, qu'il n'avait plus la force de retrouver la surveillance armée et les injures, il se mit à courir le long d'un amas de gravats et se jeta tête baissée dans la rue par une fenêtre brisée. Les gardes lui tirèrent dessus sans l'atteindre et il leur échappa avant qu'ils n'arrivent à contourner la ruine. Il se cacha dans une cave où il passa deux jours à sursauter au moindre bruit. Quand la faim devint insupportable et qu'il eut acquis l'impression que tout était silencieux alentour, il sortit à la lumière du jour et mendia de la nourriture tantôt dans l'une, tantôt dans l'autre des maisons avoisinantes. Dans une cour étroite, au seuil de laquelle il s'était arrêté, il avait subitement vu apparaître, derrière la femme à qui il demandait l'aumône – et il prenait bien garde de ne s'adresser qu'aux femmes – un homme à l'abondante chevelure grise dans une chemise blanche éclatante qui lui demanda rudement qui il était et d'où il venait. Schneck s'affola, voulut fuir. Mais l'homme remarqua la peur que sa brusquerie avait provoquée et voyant que sa femme venait de couper un morceau de pain pour le mendiant, il invita Schneck à manger tranquillement dans la cuisine. Celui-ci, devant la générosité inattendue de cette offre et de ce repas auquel la femme, sur un geste de son mari, ajouta un verre de sirop fraîchement cuit, éclata en sanglots irrépressibles. L'homme s'assit à ses côtés et lui ayant posé la main sur l'épaule, lui demanda une nouvelle fois qui il était. Schneck, incapable de maîtriser ses larmes et ses sanglots, se contenta de secouer la tête, jusqu'à ce qu'il s'aperçût qu'il allait éveiller des soupçons bien plus graves que la vérité ; il déclara alors, en suffoquant, qu'il s'était enfui de Batchka. En quoi pouvait-on l'aider ? reprit l'homme. En rien. Schneck haussa ses épaules secouées de pleurs et comprit alors que personne vraiment ne pouvait rien faire pour lui. Les Allemands le coinceraient un jour ou l'autre, ils le prendraient sans papiers et apprendraient son identité en le soumettant à la torture. Mais l'idée de la fatalité de ces souffrances lui fit reprendre ses esprits. Il releva la tête, regarda l'homme dans les yeux et lui dit qu'il avait avant tout besoin de papiers. L'homme retira la main de son épaule et sombra dans le silence, tandis que Schneck attaquait le pain et le sirop, et lorsqu'il eut fini et qu'il se prépara à partir, l'homme le retint, se leva lui-même en soupirant, sortit de la cuisine, fit venir sa femme dans la chambre, où il lui parla à voix basse et renversa quelque chose, avant de réapparaître avec une feuille pliée qu'il tendit à Schneck. « Voilà la déclaration de notre locataire, un jeune homme », dit-il. « On l'a mobilisé en mars et il n'est toujours pas revenu – c'est qu'il doit être prisonnier. Mais s'il revient, il se débrouillera. » Schneck prit la feuille, s'inclina maladroitement, et se glissa hors de la cuisine et de la cour.

Il commença par quitter Belgrade qui grouillait de soldats et d'officiers allemands, parmi lesquels patrouillaient certainement son ancienne escorte et ses gardiens, furieux, évidemment, désireux de le retrouver et de le reprendre en dépit de tous ses papiers.

Il prit, au hasard, le chemin opposé de la Batchka, et en atteignant la route, demanda une place sur une charrette qu'un jeune paysan ramenait vide de la ville. Le paysan demanda en cours de route à Schneck où il allait et celui-ci lui raconta qu'il était de Nich, qu'il était venu travailler à Belgrade avant le début de la guerre et qu'il revenait maintenant chez lui voir si les siens étaient toujours vivants. Ils voyagèrent ensemble jusqu'à Vréotsé, où vivait le paysan, et comme ils étaient arrivés à la tombée de la nuit et que Schneck, en descendant de voiture, restait dans la cour sans savoir quel parti prendre, le paysan consulta brièvement sa mère qui était sortie l'aider à dételer, et invita l'étranger à passer la nuit. Alors seulement, dans la cuisine d'été que l'on avait mise à sa disposition, Schneck put examiner à loisir le document qu'il avait reçu à Belgrade : il était rédigé au nom de Miloïe Saratlitch, de quatre ans plus jeune que lui, né à Boïkovats. Il savait maintenant au moins où il ne devait en aucun cas aller. Le matin, il demanda au paysan de lui permettre de travailler chez lui contre de la nourriture, ce que l'autre accepta avec beaucoup de réticence, mais lorsqu'il vit son ignorance du travail agricole, il commença à s'étonner et à se mettre en colère. Là-dessus Schneck, craignant d'éveiller les soupçons, partit sous prétexte d'arriver au plus vite chez ses parents et poursuivit son chemin. Il arriva à pied à Lazarevats et se dirigea vers le centre de la bourgade où il voyait une foule dans laquelle il comptait se perdre. Là, au marché, s'arrêtant devant un étalage où il ne pouvait rien acheter, il entendit le tambour proclamer l'ordre aux étrangers qui se trouvaient dans la ville de se présenter à la mairie afin de s'y faire délivrer des laissez-passer. Partagé entre la peur d'aller se mettre de son propre chef dans la gueule du loup et une conviction nouvelle d'être servi par la chance depuis son passage en Serbie, il traversa comme un somnambule les cent mètres qui le séparaient du bâtiment, entra, présenta sa déclaration et fut l'un des tout premiers à obtenir son sauf-conduit pour Nich, alors que les employés n'étaient pas encore très informés et se demandaient mutuellement comment appliquer les instructions. Le document en poche, Schneck quitta précipitamment Lazarevats et, tard dans l'après-midi, parvint à Laïkovats, où il se cacha dans une prunelaie. Il y passa la nuit et descendit le matin en ville. Il chercha une nouvelle fois le marché et proposa ses services aux rares marchands pour un peu de nourriture. Ceux-ci refusèrent avec stupéfaction, mais comme, enhardi par son laissez-passer, il avait justifié sa requête par sa misère de réfugié, sur le chemin du retour, ils lui offrirent des tomates, des poivrons et quelques dinars. Il acheta du pain, se rassasia et, sur les conseils d'une vieille qu'il avait arrêtée, prit un lit chez un homme qui logeait pour peu cher les commerçants et leurs marchandises. On lui trouva même du travail le lendemain, à vrai dire plutôt par compassion pour son air implorant que par réel besoin : il devait aider à décharger les voitures, soulever, porter. Puis, peu à peu, on s'habitua à lui : il devint porteur par nécessité et à bas prix. Son apparence s'adapta vite à son nouveau rôle : son costume se déchirait sur lui, il le raccommodait lui-même avec du fil et une aiguille empruntés à son hôtesse, et il se couvrait la tête jusqu'aux sourcils d'une vieille casquette trouvée, afin de cacher sa chevelure rousse. Pourtant il ne demeura pas là plus d'un mois ; il reprit la route vers la ville suivante, où il séjourna juste le temps que l'on s'habitue à lui. Le prétexte sous lequel il subsistait l'obligeait à repartir toujours pour une destination supposée, et le fait qu'après quelques jours passés au même endroit on commençât à le connaître sous le nom de Miloïe Saratlitch, travailleur temporaire en route pour Nich, loin de le rassurer, le remplissait d'inquiétude. Il commençait à croire lui aussi à sa fausse identité, ou plutôt à douter à demi de la véritable ; quand les gens lui criaient : « Miloïe, viens donc nous donner un coup de main ! », il tressaillait comme si le sol se dérobait sous ses pieds, comme s'il flottait dans l'air, et, plus tard, dans la remise où il passait la nuit, il se regardait dans l'éclat de miroir qu'il portait dans sa poche avec un rasoir et un morceau de savon ; il se disait qu'il n'était peut-être pas Schneck le fugitif, mais un être qui n'existe pas, hypothèse qui l'horrifiait comme un poison. Il repartait ensuite pour quelque village voisin, grâce au laissez-passer déjà jauni et usé que personne, comme par miracle, ne lui avait jamais demandé. Il reconstruisait chaque fois entièrement sa personnalité imaginaire, car il n'avait pas le choix et que cette solution était la seule à lui avoir immédiatement insufflé cette assurance avec laquelle il s'adressait aux autres. Dans ce double rôle, Schneck traversa la Serbie, et avec elle l'occupation, se glissant près des gens, des bâtiments, des patrouilles armées, des scènes de châtiments et de souffrances, affublé de ce personnage menteur qui, pour l'extérieur, guettait celui qui allait le reconnaître, le démasquer, et, pour l'intérieur, fouillait à la recherche de sa propre vérité qui à tout moment lui échappait de quelque façon. Il était tout à fait dépenaillé : il portait depuis longtemps les vêtements des autres, pas à la bonne taille, déchirés et raccommodés, des chemises de paysan, en lin, vite jaunes de saleté, le linge des autres, les chaussures des autres, déformées par d'autres pieds. Sa démarche changea, ses mains et son visage devinrent rêches et noirs. Mal nourri pour les efforts qu'il faisait, son esprit s'affaiblit et il se levait souvent de sa couche de fortune à demi étourdi, ébloui, ahuri dans le jour nouveau. En lui-même, le personnage de Schneck fondait de plus en plus, n'était plus qu'un souvenir brumeux de son cerveau enlisé ; quand il s'en souvenait, il faisait un geste résigné comme devant une vision d'ivresse. C'est ainsi que la Libération le trouva à Déligrad, où il s'était placé chez un meunier. À l'entrée des premières compagnies de partisans, presque aussi épuisées que lui, mais accueillies triomphalement par la population, Schneck se précipita avec les autres dans la rue principale, et par peur d'un nouveau retournement qui l'eût renvoyé sous l'autorité allemande, il se présenta au nouveau commandement pour se faire engager. Il reprit alors en balbutiant son vrai nom, mais il dut le prouver et, n'y parvenant pas, il finit aux arrêts dans une maison réquisitionnée d'où le tira le commissaire politique d'une division qui venait d'arriver. C'était un étudiant qui, ayant entendu parler de son cas, le fit chercher, rédigea avec lui un rapport, et le plaça, en raison de son instruction, dans le département technique de sa division. Schneck traversa avec cette unité la Serbie, la Batchka et la Slavonie, où il apprit la fin de la guerre, en engraissant et en s'accoutumant à sa nouvelle identité. Il fut démobilisé parmi les premiers, à cause de son âge, mais sans s'en réjouir particulièrement, car il savait que personne ne l'attendait nulle part. Pourtant, quand il reçut des vêtements civils, il partit sans hésiter pour Belgrade et, dès qu'il fut installé dans une pension pour démobilisés, il se mit à la recherche de l'homme qui, voilà près de quatre ans, lui avait donné les papiers d'un autre. Il ne retrouva pas la maison, ni de mémoire, ni lors de ses recherches complémentaires. Il essaya de découvrir à la police l'adresse de Miloïe Saratlitch, mais sans plus de succès. Il décida alors de s'établir dans cette ville où la vie lui avait été redonnée. À Novi Sad, où on avait voulu la lui prendre, il ne retourna que beaucoup plus tard, après avoir recommencé à travailler, et n'y resta qu'un jour, pour chercher un certificat au barreau. Il apprit là, d'un avocat de sa connaissance qu'il rencontra par hasard, le sort de sa femme

Henriette. Elle avait continué à vivre avec le commandant du camp jusqu'à l'arrivée au pouvoir des croix fléchées. Elle fut alors envoyée en Allemagne avec les autres déportés, où elle mourut. Il fut pris de regrets, car il comprit maintenant qu'il ne pouvait plus la haïr, qu'elle avait lutté rageusement, mais vainement, pour sa survie, peut-être même depuis qu'elle avait commencé à le tromper, pressentant une menace – et elle l'avait ainsi involontairement sauvé.

Liliana n'est pas comme ça, se dit-il, en comparant sa maîtresse à la seule femme à qui il eût jamais été lié sentimentalement : elle ne lutte pas, car elle ne craint rien, elle ne fait donc pas souffrir. Liliana est toute tournée vers la vie, la mort ne la touche pas, pas même celle des autres, et c'est pourquoi son ancien compagnon a pu attendre jusqu'au bout la mort dans le bonheur. Il était lui aussi résolu à ne pas renoncer à une telle fin ; du reste, si la maladie était entrée en lui avec des germes, elle allait progresser d'elle-même, qu'elle ait ou non de nouveaux contacts avec sa source.

Or le mal était certainement en lui, il l'envahissait lentement mais irrésistiblement. Voilà que son bras droit aussi, et non plus seulement la jambe, était pris de cette crampe qui empêchait les muscles d'obéir. À contrecœur, il dut enfin s'adresser à un médecin. Son choix tomba sur un collègue de la compagnie d'assurances pour laquelle il travaillait depuis la démobilisation – car il n'avait pas eu envie de reprendre ses fonctions au barreau, qui lui avaient attiré tant de haine. C'était un certain docteur Marko Hadjivoukovitch, sérieux et taciturne, entre deux âges comme lui, avec qui il avait souvent et fructueusement collaboré. Il se plaignit de ses malaises et le médecin l'invita dans son appartement tranquille et négligé de célibataire, où la consultation eut lieu sans hâte, autour d'un café. Schneck se déshabilla, montra sa jambe et son bras à moitié engourdis ; le docteur Hadjivoukovitch le tapota, lui enfonça doucement une aiguille dans la chair, et lui permit de se rhabiller. Il déclara avec un soupir que cette paralysie était sans doute d'origine nerveuse, mais c'était tout ce que permettait d'affirmer une visite si rapide ; Schneck devait donc entrer à l'hôpital pour des examens plus approfondis à l'aide d'appareils modernes, qui décideraient du traitement. Schneck secoua doucement mais résolument la tête : il avait maintenant obtenu confirmation que cette maladie existait et qu'elle était de même nature que celle dont il avait déjà suivi le développement. Il refusait d'être tourmenté pour rien et de servir de cobaye. La seule chose qui lui importait encore était de savoir si Hadjivoukovitch pensait que le type de paralysie qu'il était censé avoir – il mentionna alors la terrible maladie de l'ingénieur Zoran Kalaïtch – pouvait provenir de rapports avec une femme. Hadjivoukovitch nia avec stupéfaction. Schneck hésita un instant à tout dire. Mais il savait que la révélation de sa découverte entraînerait Liliana dans ces examens, or il souhaitait l'épargner, pour le moment du moins.

Elle lui était plus que nécessaire : vitale comme le pain. Plus seulement pour l'aimer, mais pour rester à ses côtés pendant les jours, les années de maladie. Il prévoyait à présent l'évolution de celle-ci, en se remémorant les descriptions de Liliana, sobres mais suffisantes : après le premier côté, le second allait peu à peu se paralyser, Schneck allait devenir immobile ; ensuite, quand son infirmité se serait étendue des bords vers le centre, elle paralyserait ses organes internes, estomac, poumons, cœur ; il ne pourrait plus manger, respirerait de plus en plus difficilement, et finirait par étouffer. Une mort lente, progressive, atroce. L'attendre seul, à l'hôpital, servi par des étrangers, torturé d'angoisse et de dégoût autant que d'impuissance ? Mieux valait alors se tirer une balle dans la tête. Tandis qu'avec elle... Il trouvait qu'après les souffrances absurdes de sa vie, il avait au moins le droit de choisir sa mort.

Il prit une décision quand son côté gauche fut à ce point diminué qu'il craignit que Liliana ne s'en aperçût : et si elle allait reculer devant un nouveau sacrifice et le repousser ? Il lui rendit visite en tenue solennelle et la demanda en mariage. Elle l'écouta, les sourcils levés, puis accepta, sans trouble bien sûr, avec un sourire de plus en plus large, comme devant une nouvelle amusante, qu'elle pressentait pourtant. Puis elle se mit à bavarder, imaginant longuement comment ils allaient vivre, où ils allaient voyager, mais ne toucha plus mot de l'acte même, de leur union, de la cérémonie et des formalités inévitables. Il dut les lui rappeler, la ramener à la réalité, la presser, car il était lui-même pressé par la maladie. Il lui demanda de prévenir ses parents et, quand elle l'eut fait, de leur être présenté officiellement. Cela eut lieu un dimanche après-midi, gros de peur pour lui. Il craignait que le père et la mère de Liliana, qui n'avaient pas suivi sa métamorphose, ne s'aperçoivent qu'ils avaient devant eux un futur infirme ; il réussit par une volonté de fer à rendre souples et mobiles son bras et sa jambe affaiblis, en blêmissant sous l'effort. Il parvint à les abuser et à fixer – au plus tôt – la date de la célébration. Il souhaita seulement, prétextant le dénouement tragique de leurs précédents mariages, que les noces se fissent sans trop de bruit, et avec le moins d'invités possible : il redoutait qu'un parent attentif ne remarquât sa difficulté à marcher et n'en fît part aux autres.

Il se rendit au mariage avec le docteur Hadjivoukovitch qu'il avait pris comme témoin ; il eut du mal à monter, à son bras, sans boiter, jusqu'à la salle des registres au premier. Liliana, en tailleur gris, arriva accompagnée seulement de ses parents et de la logeuse de Schneck, son témoin, comme convenu. Quand ils eurent entendu les articles du contrat de mariage et qu'ils se penchèrent pour signer, le bras de Schneck refusa d'obéir ; il dut l'appuyer contre lui et le pousser en avant pour parvenir à griffonner quelque chose qui ressemblât à son nom. Il se sentait affaibli et détraqué comme autrefois, juste avant ses maux de tête. Il était impatient de se réfugier chez Liliana, où il pourrait se déshabiller et se reposer. Mais une mauvaise surprise l'attendait : justement pour lui faire « une surprise », agréable évidemment, les parents de Liliana, autour d'un repas solennel, avaient réuni presque tout le voisinage, ses anciens voisins à lui et les leurs. Le col de sa chemise et son costume le serraient, et il dut se resservir une dizaine de fois, d'une main paralysée qui laissait échapper le couteau et la cuillère.

Il dut boire bien qu'il détestât l'alcool, il dut sourire et répondre en souriant aux plaisanteries d'usage que le bourdonnement de sa tête l'empêchait de comprendre tout à fait. Vers le soir, la migraine le prit dans un étau d'acier, il frissonnait, était en nage, son estomac se soulevait. Profitant de la conversation générale, il se leva, étourdi, et s'esquiva dans la salle de bains. Il s'assit au bord de la baignoire, la tête entre les mains, et gémit de douleur. Il se leva plusieurs fois pour revenir et éviter que l'on ne remarque sa longue absence, mais sa jambe droite ne lui obéissait plus et il retombait sur son siège inconfortable et glissant. C'est alors que survint Liliana, avec encore sur les lèvres le sourire qu'elle amenait de la salle à manger. « Que fais-tu si longtemps ? » s'écria-t-elle, étonnée. « J'ai mal à la tête », dit-il dans un souffle, presque incapable d'articuler. « Oh, oh », répondit-elle sans que le sourire disparût de son visage. « Que puis-je faire pour t'aider ? Te masser ? » Il haussa les épaules : il lui sembla vraiment que la pression de sa main soulagerait la douleur enfouie dans son crâne. Elle s'assit vivement auprès de lui, et, l'entourant de ses bras, se mit à lui caresser le front et la nuque. « Plus fort ! » supplia-t-il. « Plus fort ! » – et elle se conforma autant qu'elle put à son désir. Son étreinte lui faisait du bien et, bien qu'il sût qu'il était grand temps d'arrêter, il ne pouvait résister à la tentation. Les minutes s'écoulaient, et la mère de Liliana passa la tête à la porte de la salle de bains, puis son père entra enfin et demanda ce qui se passait. « Nous arrivons, nous arrivons », s'écria Schneck en se mettant sur ses jambes, mais celles-ci tremblaient si fort qu'il fut obligé de se rasseoir. « Avons-nous quelque chose contre le mal de tête ? » s'enquit alors Liliana sans cesser de masser le front de Schneck. Mais Schneck lui-même protesta : « Non, non, ça ne passera pas, je sais. Il n'y a que mon médicament. Il est dans ma table de nuit, ma logeuse le connaît. » Le père de Liliana sortit, on l'entendit dire quelque chose, les voix baissèrent, dehors la porte claqua. Puis lui parvinrent les adieux des invités, étouffés, lancés parfois du seuil même de la salle de bains, d'autres flottant dans l'air, quelque part plus loin, de plus en plus loin. La logeuse de Schneck entra en courant avec le médicament qu'il n'avait pas touché depuis des mois. Il ouvrit avidement la boîte, en tira deux comprimés, et les fourra dans sa bouche sans attendre que Liliana ait rempli le verre au robinet de la salle de bains, et l'eau lui tomba ensuite sur l'estomac comme une pierre. « Maintenant au lit », lui ordonna-t-elle doucement. Elle l'aida à se lever et à sortir. Ils traversèrent la salle à manger où tout le monde avait déserté la table surchargée, ils passèrent près de la mère de Liliana qui en allant ouvrir la fenêtre lança sur Schneck par-dessus son épaule un bref regard inquiet. Il s'excusa dans sa barbe. Il entra avec Liliana dans sa chambre, à présent la leur. Il la laissa l'aider à se déshabiller et, avec le soupir du dernier mouvement volontaire, sombra dans le lit en rejetant la tête sur l'oreiller frais. Il entendit des froissements, ouvrit de temps en temps les yeux, vit l'obscurité envahir progressivement la chambre, la lumière de la petite lampe au-dessus du lit voisin s'allumer d'abord, puis s'éteindre. Couvert de sueur, il perdit doucement conscience.

Il s'éveilla au petit matin, tout engourdi de sa longue immobilité, mais la tête fraîche. Il la secoua selon sa vieille habitude, mais elle était vraiment claire, presque trop, trop saine, comme toujours après la guérison de violents maux de tête. Il se tourna. Sur le second lit, Liliana dormait, enroulée sur elle-même. Il essaya de fermer lui aussi les yeux et de retrouver le sommeil, mais cela ne marcha pas. Il était tout à fait éveillé. Il se leva donc, dans cet appartement où il passait la nuit pour la première fois, et alla sur la pointe de ses pieds nus – car il n'avait pas apporté ses pantoufles – dans la salle de bains. Ce n'est qu'une fois arrivé là-bas, lorsqu'il fixa la cuvette des toilettes, qu'il se rendit compte qu'il marchait sans la moindre gêne ni douleur. Il leva le bras droit, le tourna ; lui aussi obéissait docilement et sans douleur. Il fit encore quelques pas entre les toilettes et la baignoire, puis encore et encore, ici et là : il marchait avec aisance et facilité comme autrefois ; tout obstacle à ses mouvements avait mystérieusement disparu.

Troublé, émerveillé, il se précipita dans la chambre pour annoncer la nouvelle à Liliana.

Mais quand, butant aux meubles dans l'obscurité, il parvint à son lit et se pencha sur elle, il fut surpris par un parfum léger : un parfum de sueur et de corps abandonné, qu'il n'avait jamais senti auparavant chez elle. Il tressaillit : c'était, bien sûr, qu'elle n'avait jamais dormi près de lui ; elle lui avait donc caché, involontairement, une vérité la concernant. Comme il lui en avait du reste, lui-même, caché une sur lui, délibérément. Il lui avait caché sa paralysie, et maintenant qu'il l'avait surmontée de façon inespérée, il était tout à fait absurde de le lui apprendre.

Il se redressa, son regard perplexe parcourut la pièce, frôlant les objets qu'il connaissait par ses nombreuses visites amoureuses. Mais aujourd'hui, dans la pénombre du petit matin, même cette chambre lui paraissait différente. Non pas, comprit-il, parce qu'elle avait réellement changé, mais parce que c'était lui qui avait changé. Il y était venu des années durant en essayant de devenir quelqu'un qu'il n'était pas, comme, il y avait bien longtemps maintenant, fuyant la mort et lui-même, il avait voulu être cet habitant de Boïkovats qui retournait chez lui. Cette fois-ci, il avait été jusqu'à endosser la maladie d'un autre. Mais peine perdue, car quand il avait voulu se lier définitivement à cet autre, s'identifier à lui pour toujours, la maladie l'avait abandonné et son mal de tête l'avait repris, lui rappelant qu'il était toujours lui, Schneck.

Et brusquement il se souvint de sa première femme, l'infidèle Henriette, qui voulait, elle aussi, par peur, par pressentiment de l'horrible, devenir quelqu'un d'autre, mais qui n'y était pas parvenue non plus, et avait péri. Son cœur se serra. Peut-être chacun doit-il rester ce qu'il est, pensa-t-il, et il eut à nouveau pitié d'elle, se sentant pour la première fois uni fraternellement à elle.

Il s'éloigna lentement du lit de Liliana, et retourna vers le sien. Il se coucha, se couvrit et croisa les bras, pour attendre éveillé le lever, dans cet appartement étranger, avec cette femme étrangère.

L'École d'impiété

C'ÉTAIT UNE grise journée d'hiver. Dans la salle l'ampoule pendue au plafond brûlait depuis le matin. Une ampoule nue, poussiéreuse, éclaboussée de taches. La salle n'était jamais nettoyée. Il n'y avait personne pour le faire. Même les vieux prisonniers – parfaitement au courant – qui récuraient le bâtiment en avaient été dispensés, par une sorte de fausse pudeur. Ce laisser-aller choquait Doulitch. Il aimait la propreté et le confort. C'était pour lui le signe de la respectabilité. Or il en était avide, autant que d'argent, c'était le premier poste qui lui rapportât un peu. Il était depuis moins d'un an inspecteur adjoint au service de contre-renseignements. Mais justement parce qu'il était novice et à un échelon subalterne, il ne se sentait pas encore autorisé à modifier l'ordre de la maison. Il essaya de signaler son malaise à l'inspecteur en chef, Reves, un jour qu'ils étaient assis à fumer en silence après un interrogatoire difficile : « Toute cette poussière, cette cendre, ces déchets de nourriture, ce sang », il désigna de sa cigarette allumée le sol et les murs de béton. « Il faudrait charger un de ces diables de les nettoyer. » Mais Reves l'écoutait à peine, il regardait devant lui, le dos rond et le ventre en avant. Quand Doulitch renouvela sa suggestion plus nettement, il fit un geste vague. « Oui, oui, vous avez raison. Mais est-ce que cela vaut la peine pour une heure ou deux que nous y passons ? »

Doulitch y passait beaucoup plus de temps. Il ne quittait presque jamais cette salle. En haut, au rez-de-chaussée, il n'avait pas de bureau, seulement une chaise – qu'on lui changeait constamment – auprès de la table de l'inspecteur adjoint Domokoch. On ne lui confiait pas encore la rédaction des comptes rendus. On ne le chargeait que des pré-interrogatoires qui avaient lieu justement dans la cave. Il attendait maintenant qu'on lui amène le prisonnier, seul à seul. Il n'y avait pas de raison de faire venir Domokoch ou Reves avant que le détenu qui s'appelait Ostojin ne faiblisse. Il craignait que ce ne soit long. Il l'avait déjà frappé jusqu'à l'assommer, sans tirer de lui le moindre aveu ou le moindre signe de défaillance. L'échec était d'autant plus cuisant que c'était la première affaire dont il fût entièrement responsable, et on pouvait le soupçonner de manquer d'énergie et de savoir-faire. Pourtant c'était un jeune homme mou, plus mou que tous ceux qu'il avait rossés ou vu rosser jusqu'à présent. C'est pour cela qu'il avait si rapidement perdu connaissance et s'était réfugié dans l'inconscience.

Doulitch haïssait cette mollesse, parce qu'il sentait la même en lui, seulement il parvenait à la dominer. Il en allait de sa réputation et de celle de sa famille, qui ne comprenait pas combien il se faisait violence. Sa femme et son fils refusaient de l'aider. Voilà maintenant qu'il n'osait pas téléphoner chez lui pour prendre des nouvelles de l'enfant. À cause de leur mollesse à eux. Il entendrait des paroles d'impuissance et de peur, il le savait, et n'en avait vraiment pas besoin. Cela ne ferait que le troubler davantage. Après avoir raccroché, il se sentirait plus faible encore. Et puis il n'y avait pas deux heures qu'il était parti de chez lui, laissant des instructions sur ce qu'il fallait dire au médecin ; aucun médicament ne pouvait avoir déjà fait de l'effet ; il n'était pas temps de les appeler.

Il s'étirait, rejetant les épaules en arrière et laissant tomber sa cigarette, quand il entendit des pas dans le couloir. On frappa à la porte métallique. Il cria « Entrez ». La porte s'ouvrit avec un grondement sourd pour livrer passage au gardien Nagy-Karoly, suivi d'Ostojin attaché. Derrière lui, un second gardien que Doulitch ne connaissait pas et qui tenait le prisonnier par le bout de la corde qui entourait ses poignets. Ils s'arrêtèrent devant lui. Il était le chef, à présent. Il s'éclaircit la gorge. « Alors, tu as réfléchi cette nuit ? » dit-il d'une voix forte et dure en s'avançant vers Ostojin, comme il savait que cela se faisait. Il dévisagea le jeune homme d'un air menaçant. Celui-ci, mal rasé, ne regardait plus que d'un seul œil ; l'autre, le gauche, tuméfié et bleu des coups qu'il avait encore reçus la veille au soir, restait fermé. Sa lèvre inférieure aussi était fendue, probablement par le même coup. « Eh bien ? » L'œil ouvert regarda Doulitch en clignant lourdement, sans expression. Le jeune homme pouvait parler, or il gardait le silence. « Parle quand je te pose une question ! » hurla Doulitch si fort qu'il s'arracha la gorge et s'étrangla. Il serra les poings et frappa Ostojin haut sur la poitrine.

Le jeune homme chancela et alla s'écrouler sur le gardien inconnu qui, avec une grimace vengeresse, le reçut d'un violent coup dans le dos. Le jeune homme s'était à nouveau rapproché de Doulitch et gémissait. Il respirait la sueur. Sueur de malpropreté, pensa Doulitch avec méchanceté puis avec haine, mais pas sueur de peur. Il le regarda encore.

Le jeune homme était beau, même ainsi, avec la moitié du visage abîmée par les coups et un œil fermé ; avec une barbe de plusieurs jours qui estompait ses traits réguliers, avec les mèches collées qui recouvraient ses oreilles et son front. Même alors, ses cheveux étaient brillants et soyeux, châtain clair, comme la barbe qui se retroussait et l'entourait d'une auréole dorée. Ses lèvres enflées et fendues s'arquaient en une courbe bizarre et pleine et son seul œil valide gardait, dans son orbite trouble, le bleu délicat de certaines pierres rares. Il y avait dans cette beauté quelque chose de féminin. Doulitch se souvint qu'en voyant arriver Ostojin au premier interrogatoire, encore propre, soigné, avec ses boucles tombantes et ses lèvres bien dessinées qui, lorsqu'il salua timidement, découvrirent un instant deux rangs réguliers de dents blanches, il avait eu une impression de douceur séduisante, comme à l'approche d'une femme. Il s'était troublé et méfié à la fois. Il avait maintenant la même impression, mais plus forte encore. Il lui semblait que les déformations de ce corps, sa puanteur même, marquaient l'intimité à laquelle ils en étaient arrivés sans pourtant se livrer l'un à l'autre. Il pressentait qu'il pourrait se passer entre eux quelque chose d'extraordinaire, peut-être même de honteux. Il était tout ensemble dégoûté et tenté de s'abandonner jusqu'au bout à la haine qui l'envahissait. « Chien ! » s'écria-t-il brusquement. Il attrapa Ostojin par le revers et, bousculant le gardien inconnu, s'élança, bras tendus, de tout son élan, jusqu'au mur où allèrent se heurter les épaules et la tête du jeune homme. Il le ramenait vers lui et le renvoyait contre le mur, encore et encore, en lui cognant la tête et en sifflant : « Chien ! chien ! chien ! » jusqu'à ce qu'il ne sente plus de résistance, qu'il s'aperçoive que les revers lui glissaient entre les mains et qu'il voie ce corps détesté s'effondrer doucement le long du mur, sombrer, se plier en deux, s'étendre sur le côté tandis que le seul œil encore vivant se fermait péniblement et que les lèvres boursouflées s'écartaient et découvraient des dents rouges de sang.

Il regarda le corps écroulé maintenant entre ses jambes écartées et sentit à l'intérieur de ses mollets son poids et sa chaleur. Il faillit reculer. Il ne pouvait supporter ce contact douceâtre, irrésistible, ce contact qui n'était ni un coup, ni un châtiment. Au lieu de garder son sang-froid, il s'était laissé emporter, et il en était maintenant puni.

Il savait que les gardiens ne se privaient pas de le juger, même s'ils s'étaient précipités sur le prisonnier pour exciter sa fureur. « Assez ! » ordonna-t-il, comme si c'étaient eux qui avaient dépassé les limites. « Il faut qu'il parle. » Mais c'était peu probable. Il n'y avait plus qu'à attendre. Ostojin gisait immobile, le visage tourné vers les gardiens dont les regards hypocritement baissés étaient plus insupportables qu'une accusation directe. Il secoua du pied l'épaule gauche du prisonnier qui s'était nichée au-dessus de sa cheville. Son corps reposait par terre, comme enroulé sur le côté. Il avait l'air de se préparer à dormir. « Arrosez-le. » Les deux gardiens se précipitèrent pour obéir, mais Nagy-Karoly, plus habitué, attrapa le premier le seau et courut vers la porte. « J'y vais », dit-il.

Il n'y avait pas de canalisations dans la cave et c'était le prétexte d'un va-et-vient incessant avec l'extérieur pour arroser les prisonniers évanouis ou apporter à boire aux inspecteurs. Doulitch y voyait encore un défaut. Il eut envie d'en parler au gardien inconnu mais s'abstint : il ne voulait pas dire du mal de ses supérieurs. Il le regarda à la dérobée. Celui-ci avait un visage court et grisâtre avec de fines moustaches taillées et, comme s'il se sentait seul, il curait son nez épais de son grand index charnu. Doulitch détourna les yeux. La laideur de ce visage, rendu presque débile par l'air concentré de l'homme sur le doigt qu'il fourrait dans sa narine, contrastait tant avec la figure harmonieuse d'Ostojin qu'il pensa combien il était injuste et monstrueux que les rôles de tortureur et de torturé ne soient pas inversés. Mais, conclut-il presque aussitôt, cette comparaison valait aussi bien pour lui ; peut-être au fond ne visait-elle qu'à le tourmenter. Il souffrait de son apparence physique : petit, le dos voûté, le visage étroit et osseux, les yeux rapprochés comme s'ils louchaient. Seuls ses cheveux étaient beaux, châtain foncé, ondulés. Il en prenait constamment soin. Mais il n'était même pas arrivé à transmettre cela à Yejan, dont la crinière raide, indisciplinée, hirsute lui avait valu de sa part, moitié par plaisanterie, moitié par amertume, quand il était encore bébé, le surnom de Yejan le hérissé (ou plus exactement Sünöckske en hongrois) qu'on lui donnait encore aujourd'hui à la maison.

Yejan ! Il est sûrement couché avec de la fièvre ! Doulitch l'a laissé ce matin en nage, transparent, deux plaques rouges trompeuses sur ses pommettes saillantes, ses petits yeux rapprochés clignant désespérément. Le pauvre. Il a toujours été ainsi et, lui, a toujours été incapable de l'aider, il n'a pas su le sauver de sa petite taille, de ses os menus, de son teint pâle. Il lui a pourtant tout donné, la nourriture dont il a lui-même manqué durant sa croissance ; des vêtements chauds ; il n'y a que la tendresse qu'il ne lui ait pas prodiguée, du moins pas visiblement, mais ça, c'était la faute de sa femme qui tremblait pour lui, comme si l'enfant était toujours à deux doigts de la mort. Doulitch avait essayé de les persuader du contraire, elle et son fils, de force, cherchant à aguerrir le petit par des discours sévères, à le mettre en garde contre la dure vie qui l'attendait. Mais au lieu de s'affermir, Yejan s'amollissait, allait de maladie en maladie et, refusant les avertissements et les encouragements paternels, se conformait aux sinistres pressentiments de sa mère. Soudain, tandis qu'il pensait à lui, il ressentit un besoin impatient de le retrouver, de le ragaillardir, de l'empêcher par une pression de la main de s'abandonner à la maladie. Mais il savait que cela serait inutile, comme d'habitude : cela ne ferait que l'effrayer davantage.

Son impatience imprégnait le silence figé qui avait envahi la salle. Ostojin n'avait pas bougé. Peut-être, revenu à lui à leur insu, profitait-il de cette pause. Le gardien, appuyé au mur, louchait sur ses doigts en écrasant les mucosités durcies tirées de son nez. Un crétin, qu'il faudrait gifler et renvoyer. Doulitch avait envie de crier « Arrête avec ça ! », mais il eut peur d'entendre sa voix ; il ne pouvait imaginer qu'un cri déchire ce silence de mort qui l'étreignait déjà depuis si longtemps, comme pour l'étouffer. Il se recueillait à présent pour s'en libérer. Il se retourna. Voilà, lui sembla-t-il, tout allait bien, il était maître de ses mouvements, de son corps, de sa volonté. C'étaient les autres qui le défiaient. « Où est passé Nagy-Karoly ? » grogna-t-il pour donner le change, mais il reconnut sur-le-champ la fausseté de son intonation. Il lui sembla vraiment que le gardien inconnu tardait de façon intolérable ; peut-être qu'au lieu d'aller directement avec son seau au premier robinet et de le remplir, il s'était arrêté dans la salle de garde près de l'entrée du rez-de-chaussée pour fumer et bavarder. À l'évocation de cette scène, il sentit dans sa bouche un goût d'amertume. Il porta la main à sa poche avec irritation pour prendre une cigarette mais se souvint qu'il venait d'en jeter une et s'arrêta. Brusquement, ce geste qu'il avait fait tant de fois en présence de son fils le secoua de sa torpeur. Pourquoi devrait-il être le seul à résister à ses envies ? Pourquoi ne pas profiter de cette attente stupide pour téléphoner chez lui et essayer de se calmer ? Il se tourna vers le gardien inconnu et lui lança la première idée qui lui vint à l'esprit : « Je vais le chercher. » Puis il désigna le détenu avec un froncement de sourcils. « Surveille-le. S'il bouge, oblige-le à tenir sur ses pieds. » Puis il sortit presque en courant.

Tout de suite derrière la porte, le couloir l'accueillit, vide et silencieux, éclairé lui aussi par des ampoules nues et tremblotantes, comme un puits de mine. Il n'y avait personne pour lui demander ce qu'il allait faire. Il prit une cigarette, l'alluma, tira une grande bouffée. Il distinguait maintenant le murmure des salles voisines, car son oreille s'était accoutumée au silence. Le bruit s'amplifiait quelque part de façon menaçante : certainement un autre interrogatoire. Toute cette cave et le bâtiment au-dessus, un ancien quartier militaire, n'étaient qu'une immense salle d'interrogatoires, avec des communications compliquées entre questionnés et questionneurs. Doulitch ne faisait pas partie de cette fourmilière depuis assez longtemps pour en avoir une vue d'ensemble, même s'il connaissait exactement l'emplacement de chaque chose et son usage. Mais cela ne faisait pas encore partie de lui, de ses habitudes, et lorsqu'il se trouvait seul au cœur de ce trafic, il était saisi d'un sentiment d'insécurité, de menace. L'immeuble était bien gardé, à l'intérieur comme à l'extérieur, mais il lui semblait que les éléments opposés y étaient trop mélangés, que le nombre de prisonniers était trop important par rapport à celui des gardiens. Les premiers pourraient fort bien avoir le dessus sur les seconds. Il avait une meilleure idée, fruit de ses longues méditations inquiètes : il faudrait placer les détenus au centre du bâtiment, dans un espace aussi exigu que possible, coupé de la lumière, compartimenté par des murs qui ne posséderaient qu'une seule issue, comme une cage ou un puits ; les inspecteurs et les gardiens tireraient un à un vers la lumière et l'air ceux qu'ils désireraient voir. Il se doutait bien que c'était difficile à réaliser, que cela supposerait des trajets continuels, des comparutions vaines, que cela finirait même peut-être par paralyser le travail au moment où disparaîtrait toute compréhension entre les maîtres de l'extérieur et les détenus de l'intérieur ; pourtant toute autre disposition lui paraissait imparfaite et dangereuse. Il marchait à présent dans le couloir et le murmure entendu un instant auparavant se fit plus net : sur la gauche, du côté de la salle numéro trois, il reconnut la voix perchée et traînante de l'inspecteur Somodji qui détachait avec force les mots « ...dans la tête que je suis ton seigneur Dieu et que c'est moi qui décide si tu seras en vie demain ou pas », et quelques pas plus loin, quelque chose comme : « Tu m'as bien compris ? »

Toujours le même principe, après quoi venaient les coups, seul moyen efficace d'avoir le dessus. Mais d'abord, éternellement, inlassablement, on essayait la menace. Il était écœuré de menaces. Elles se déversaient pour rien dans les salles et les cellules, dans les bureaux et les couloirs, par milliers, comme la pluie sur une terre aride ; elles gonflaient comme une inondation, imbibaient le sol, montaient le long des jambes, jusqu'à la poitrine, jusqu'à la bouche, comme une masse liquide d'immondices. Il arriva à l'escalier et presque d'un coup fut en haut. Il lui semblait qu'il se dégageait de la boue, du flot de vase sale et épaisse, qu'il respirait enfin.

Au rez-de-chaussée il y avait de la lumière, la lumière du jour, même si elle était blême à cause du ciel couvert ; devant la large entrée vitrée, il trouva, comme prévu, un groupe de gardiens, fusil sur l'épaule, alertes et vifs, dont la présence dissipa son embarras. Il leur jeta un coup d'œil pour vérifier : Nagy-Karoly n'était pas parmi eux, mais leur insouciance lui serra le cœur d'envie. Combien de fois n'avait-il pas désiré être comme eux : un gardien, le fusil sur l'épaule, celui qui exécute les ordres sans se préoccuper du pourquoi et du comment ; mais à cause de son instruction – cinq années de lycée – on lui avait offert un poste plus élevé et mieux rétribué qu'il avait bien entendu accepté. Pourtant, il ne s'était jamais fait à cette fonction supérieure, qui lui conférait un pouvoir de décision, fondé sur une autorité secrète accordée à un groupe restreint ; il était fier de cette autorité, tout en la sentant étrangère à lui, car il y était parvenu trop tard, à l'âge de trente-deux ans. Jusque-là, depuis qu'il avait quitté l'école – il avait abandonné parce que son père ne pouvait plus payer ses études – il avait occupé des emplois subalternes, il avait longtemps travaillé comme portier ouvreur dans un vieux petit cinéma de Novi Sad, où il était plus proche des opérateurs, des caissières, des femmes de ménage, des dames pipi, que de cette chose complexe appelée direction et composée du directeur, du copropriétaire, monsieur Kramberger, et de deux employés.

Il n'avait accès à cette sphère interdite que lorsqu'on le faisait venir pour lui donner des ordres et pour le payer le premier de chaque mois. Il récriminait contre eux, à la dérobée ; mais maintenant qu'il avait lui aussi des responsabilités, qu'il donnait des ordres, sa satisfaction se teintait souvent de regret pour son ancienne situation.

Il passa devant le groupe des gardiens qui baissèrent la voix poliment. Il pensa un instant leur demander où était Nagy-Karoly. Mais il se souvint que ce n'était qu'un prétexte, et se dirigea droit vers le bureau de Reves. La porte s'ouvrit comme il y parvenait. Le gros corps rond de l'inspecteur Reves remplit l'ouverture tout entière. Il sortit sans regarder Doulitch, en titubant sur ses jambes gauches et tordues, et, soufflant la fumée de sa cigarette, il marcha en direction de l'escalier de la cave. Doulitch fut un peu surpris que son chef ne lui adresse pas la parole, car ils ne s'étaient pas vus depuis la veille au soir. Reves aurait dû lui poser des questions sur le résultat de l'interrogatoire du matin. Il était en même temps plutôt content que Reves ne l'ait pas retenu, car son bureau était le seul endroit d'où il pouvait téléphoner chez lui en toute liberté. Il risqua un coup d'œil à l'intérieur, mais dut encore s'arrêter pour laisser passer deux personnes : un prisonnier ligoté au visage tuméfié et un gardien qui le poussait devant lui.

Il entra enfin. Le secrétariat et le bureau du chef étaient vides. Il s'arrêta en tirant les dernières bouffées de sa cigarette. La pièce autour de lui, avec ses deux tables côte à côte, avec ses armoires à documents aux battants baissés et avec sa porte ouverte par laquelle on voyait un coin de la table du chef, était absolument silencieuse, au point que l'on entendait le bruissement du vent dehors, là, derrière la fenêtre, où des rideaux transparents laissèrent passer son regard errant. C'était le calme du repos, mais ce n'était qu'apparence trompeuse, car Doulitch avait l'intention de faire quelque chose en secret et se félicitait d'avoir saisi l'occasion. Il était permis d'appeler en ville depuis le bureau du chef, et c'était même passé dans les habitudes, car c'était la seule ligne directe. Tous les agents avaient une vie personnelle, familiale, voire sentimentale, qui exigeait parfois des communications téléphoniques à l'abri des tables d'écoute. C'était lui qui usait le plus rarement de ce privilège, et sans doute pour cette raison, il se sentait toujours un peu coupable. Il s'approcha de la table pour éteindre sa cigarette. Et tandis qu'il écrasait son mégot dans le cendrier, son regard tomba sur un dossier jaune portant, de l'écriture ronde et claire de son collègue Domokoch, inspecteur adjoint, l'inscription : « Miloch Ostojin. » Il prit le dossier et le serra contre lui comme un bouclier. Il se sentit protégé. Avec plus d'assurance qu'il n'en aurait eu autrement, il pénétra dans le bureau de Reves. Allait-il pousser la porte ? Il décida tout de même qu'il valait mieux la laisser ouverte : si quelqu'un survenait, il ne pourrait pas deviner immédiatement qu'il se cachait.

Le bureau de Reves était différent des autres. Plus confortable, plus luxueux, avec trois fauteuils sous la fenêtre et une armoire vitrée pleine de livres de droit que personne ne touchait jamais, avec une petite table sculptée sur le coin de laquelle se trouvait le téléphone. Ici pas d'interrogatoires, encore moins de coups. Reves ne recevait dans ce bureau que ses collaborateurs et, s'il participait aux interrogatoires, au travail dit sale, c'était chez eux, dans leurs bureaux et dans les salles où il descendait quand bon lui semblait, nonchalant et maussade. Il les observait à la dérobée administrer les coups et lançait par-dessus sa cigarette allumée, éternellement collée à sa lèvre inférieure : « Plus fort ! » ou « Tu le plains peut-être ! », comme si quelqu'un avait déjà ménagé ses forces ou épargné un prisonnier quand il fallait en tirer un aveu ou un renseignement ! Doulitch pressentait que ces phrases brèves, presque dépourvues de sens, trahissaient un besoin étouffé de spectacles encore plus sanglants, une jouissance inavouée à voir défigurer, mutiler, et il percevait sur le visage des autres inspecteurs et des gardiens, à un tremblement impatient de la lèvre ou du sourcil, qu'ils partageaient cette impression ; cependant, au moindre mot du chef, tous se jetaient littéralement sur la victime, avec une ardeur et une rage redoublées. Ses encouragements marquaient d'ordinaire le début du massacre, sinon de la mise à mort de l'inculpé. Telle était la règle tacite de ce service : accepter toute incitation à la cruauté – l'empressement était la mesure du zèle. Chacun se gardait bien d'être soupçonné d'y manquer.

La pièce de Reves était étrangère à tout cela : ici régnaient la propreté et l'ordre, les livres silencieux et le téléphone. Doulitch posa le dossier sur la table brillante et décrocha le combiné. Il obtint la tonalité et composa le numéro de son appartement. Puis il attendit. Il reconnut la sonnerie prolongée indiquant que la communication était établie. Ensuite, après un long silence, encore une sonnerie, puis après un autre long silence, interminable, une nouvelle sonnerie. Puis une autre. Il sentit son cou se mouiller : était-il possible que personne n'entende le téléphone ? Ou bien ?... L'espace d'un instant, il imagina un horrible spectacle : Yejan gisant sur son lit, mort ; son dernier sursaut a fait rouler la tête et entraîné le buste léger jusqu'à terre. Sa femme est agenouillée et pleure devant le corps abandonné, tandis que dans l'autre pièce le téléphone sonne, sonne, impuissant et absurde. Il n'y a personne pour répondre. Il n'y a d'ailleurs plus de raison de le faire. Au même moment, il y eut un déclic dans l'appareil. La sonnerie cessa. Que se passait-il ? « Allô » cria-t-il, gagné par la panique ; il entendit alors, soulagé et furieux, la réponse de sa femme, presque dans un souffle, traînante, rauque, accentuée à l'envers, de ses lèvres inaccoutumées au téléphone, de sa langue maladroite – et il imagina sa grimace de désarroi qui reflétait cruellement la sienne. « Pourquoi ne parles-tu pas ? » lui reprocha-t-il, mais il n'y eut pas de réponse, elle ne pouvait pas s'exprimer, elle ne pouvait pas lui expliquer ce qu'il comprenait d'ailleurs fort bien sans mots. Ou bien se taisait-elle parce qu'elle n'osait lui dire le drame ? Il se sentit à nouveau couvert de sueur. « Écoute, parle à la fin ! Qu'est-ce qu'il y a ? » « Rien... » Donc, ce n'était pas le pire. « Comment, rien ? » Il s'enhardissait. « Le docteur n'est pas venu ? » « Si. » « Mais dis-le moi, bon sang ! C'est pour cela que je t'appelle. Si tu crois que je téléphone pour t'entendre bredouiller ! Qu'est-ce qu'il a dit ? » « Oh, Yantchi !... » C'était plus horrible que tout ce qu'elle pouvait dire, cette plainte entrecoupée, timide, presque douce qui lui rappela de façon incongrue l'époque où ils s'aimaient. Il déglutit. « Quoi Yantchi, parle ! » « J'ai tellement peur ! » C'était encore lourd de menaces. « De quoi as-tu peur ? » Doulitch baissa la voix involontairement. « Qu'a dit le médecin ? » « Il a dit que c'était dangereux. La scalratine. Que l'enfant peut... peut étouffer. » Cela voulait dire qu'il était vivant. Mais quelle façon monstrueuse de déformer chaque mot un peu difficile ou inhabituel ! « On dit scarlatine. Ce n'est rien. C'est une maladie fréquente chez les enfants. Moi-même je l'ai eue », dit-il en mentant. « Peut-être l'as-tu eue aussi, sans le savoir. » Il s'arrêta pour écouter son silence, son souffle, et entendre si elle se calmait, mais il ne devina rien. « Comment se sent-il ? » « Il... » Elle fondit en larmes dès qu'il fut directement question de son fils. « Il... il est en feu... il délire... je lui mets des compresses... » « Des compresses ? Quelles compresses ? » « Des compresses froides sur la gorge et la poitrine. » Il se rembrunit. « Fais attention qu'il ne prenne pas froid. » « J'ai tellement peur. » Puis à nouveau le silence. Que pouvait-on ajouter ? « Il lui a donné un médicament ? » « Oh, une piqûre ! » Elle reprenait vie, s'accrochant désespérément à ce détail avec l'intonation du désespoir. « Eh bien, tu vois », dit-il, au hasard, pour l'arrêter. « Cela va sûrement faire de l'effet. » Mais elle laissa, au contraire, éclater son chagrin, son horreur. « Il a dit... il a dit... que tout dépendait de sa force, qu'il était à présent entre les mains de Dieu ; s'il tient jusqu'à ce soir, a-t-il dit, alors il restera ; mais, Yantchi, oh, tu sais comme Yejan est faible ! » C'était si juste qu'il le prit comme un coup de poing dans la poitrine. « Il n'est pas faible », dit-il en essayant d'affermir sa voix. « C'est toi qui crois qu'il est faible. Il est résistant, très résistant, même. Tu ne sais pas ce qu'un enfant peut endurer. » Brusquement, sans savoir pourquoi, il se souvint d'Ostojin qui gisait là-bas, en bas sur le sol de la salle, assommé, exténué, affamé et assoiffé, son unique œil à demi fermé ; il le revoyait supporter silencieusement les coups sans donner son réseau. Il allait s'en tirer. « Ils sont costauds, ne t'en fais pas. » Mais il n'était malgré tout pas sûr que cela valait aussi pour Yejan. « Tu m'entends ? » « Oui. » « Allez, va lui mettre des compresses. » Il s'attendait à ce qu'elle raccroche immédiatement mais il n'entendit pas le déclic dans le combiné. Cela voulait dire qu'elle était toujours près du téléphone, recroquevillée, craignant d'abandonner cette conversation à laquelle elle s'accrochait peureusement. Comme lui, à l'autre bout du fil. Mais cette conversation qui se poursuivait ne pouvait pas vraiment les aider, ni elle, ni lui, encore moins Yejan ; Yejan, comme le docteur l'avait dit, était à présent entre les mains de Dieu, et lui qui ne croyait plus en Dieu savait bien ce que cela signifiait. Cela signifiait qu'il n'était plus entre les mains de personne, qu'il était exposé au hasard, à des humeurs, comme Ostojin là-bas dans la cave, qui attendait son bon vouloir à lui, Doulitch. « Maintenant je dois y aller, vraiment », dit-il avec un soupir d'impuissance. « Tu as entendu ce que je t'ai dit. Va lui mettre des compresses. » Silence, puis enfin il y eut un déclic. Elle était partie, il était certain qu'elle allait exécuter fidèlement ce qu'il avait ordonné et il n'y avait rien d'autre à faire.

Donc, retour à Ostojin. Mais il n'avait aucune envie de redescendre dans cette cave suffocante, à l'angoisse des coups, des injures et des menaces. Ce heurt que représentait son travail, un travail pénible, épuisant, supposait la fureur, sans quoi il devenait impossible. Or Doulitch ne ressentait plus aucune fureur. Il sentait que tout était vraiment « entre les mains de Dieu », c'est-à-dire que tout dépendait d'influences lointaines, imperceptibles. Le petit avait attrapé cette maladie à on ne sait quel contact, peut-être justement par lui, son père, qui avait d'abord été contaminé par le souffle et les gouttes de salive invisibles d'un prisonnier, peut-être même d'Ostojin, quand il l'interrogeait nez à nez. Ils étaient donc tous liés par une seule et même chaîne de causes et d'effets, inspecteurs et détenus, tout ce bâtiment plein de gens qui souffrent et infligent la souffrance. Celui-ci de son côté, par le biais des influences, par le biais des germes morbides, des plans et des conspirations étranges, était lié à d'autres groupes et à d'autres individus éloignés, qui forgent ces plans et ces conspirations, entraînant à trahir et à se révolter des troupeaux entiers de jeunes gens immatures comme Miloch Ostojin. Car Ostojin était immature, Doulitch en était convaincu, il connaissait suffisamment les hommes pour lire sur son doux visage aux traits délicats et, comme un médecin, diagnostiquer le mal, cette immaturité, cette dépendance, cette influençabilité. C'est cela surtout qui l'avait exaspéré, cette certitude que le jeune homme était fondamentalement innocent, trompé par des gens plus mûrs et plus rusés, entraîné à écrire la nuit sur les murs des maisons des slogans communistes. Il ne se rendait certainement pas tout à fait compte du degré de désordre et de misère auquel on arriverait si ce qu'il écrivait se réalisait. Il s'entêtait pourtant dans son innocence : il refusait de livrer le nom de la personne qui lui avait donné cet ordre ou de désigner un de ses complices. Que faire d'un tel empoté ?

Doulitch examinait à présent le dossier portant le prénom et le nom d'Ostojin qu'il avait emporté avec lui dans le bureau de Reves pour s'en protéger. Il n'était encore survenu personne dont la présence justifiât cette mesure de prudence. Il le prit donc et retourna le poser sur la table de la première pièce. En chemin il pressa du pouce le bord de la couverture qui s'ouvrit à la première page où était noté l'état civil. Quel était l'âge exact du jeune homme ? Il n'avait pas regardé quand il avait lu le dossier pour se préparer aux interrogatoires – il n'avait à vrai dire fait que survoler tous ces renseignements généraux dans son impatience de voir le genre et l'importance de la faute commise. Il cherchait maintenant des yeux les lignes en haut de la page. « Nom et prénom » lut-il et il sauta la réponse. « Né le : 26 juin 1926. » Autrement dit il n'avait pas dix-huit ans, calcula-t-il tout en poursuivant machinalement sa lecture. « Nom du père : Yovan. Nom de la mère : Erzsebet. » Il s'arrêta, confondu.

C'est ainsi que le surprit Domokoch en pénétrant dans le bureau. « Tu es là ? » demanda-t-il avec étonnement. Découvrant peut-être sur le visage de Doulitch des marques de trouble, il s'arrêta devant lui. « Que se passe-t-il ? » Doulitch ne pouvait pas éluder la question, bien qu'il dût trahir du même coup son ignorance antérieure. « Tu savais ? » Il désigna du doigt l'endroit sur le dossier. Domokoch pencha nonchalamment son visage pâle et pointu de renard et, plissant les yeux, parcourut les premières lignes de la page qu'il avait du reste tapée lui-même à la machine. « Oui, et alors ? » « Et alors sa mère s'appelle Erzsebet, elle est donc probablement hongroise... » « Je savais. Le chef ne t'a pas prévenu ? » « Non. » « Mais tu as lu le dossier », et ses lèvres sèches et exsangues se pincèrent méchamment.

Doulitch le regarda. Ils étaient collègues et avaient le même grade. Domokoch était arrivé juste un peu avant lui dans le service, ce qui les avait d'une certaine façon rapprochés. Mais il existait entre eux une sourde rivalité, car Domokoch évitait la salle et, sans perdre une occasion de se faire valoir auprès de Reves et de s'insinuer dans ses bonnes grâces, il se réfugiait de plus en plus dans le bureau, la paperasserie, les règlements et les ordres. Venait-il de lui tendre un piège pour le dénoncer et marquer ainsi un point sur la voie du confort et de l'avancement ? « Écoute, Chimi », lui dit Doulitch, en l'appelant exceptionnellement par son prénom et en s'efforçant de donner à sa voix l'intonation la plus amicale et la plus convaincante possible, afin de repousser par avance une accusation encore informulée. « Tu sais bien que la question n'est pas de savoir si j'ai ou non lu les minutes, mais d'un détail auquel toi et moi en tant que Hongrois devons nous arrêter, car nous ne sommes pas seulement des fonctionnaires, nous sommes aussi des patriotes ! » Il vit qu'il avait frappé juste : sur le visage de Domokoch, la moquerie fit place à la prudence, ses épaules anguleuses tendirent sa veste grise trop serrée. « Bien sûr que nous en sommes », approuva-t-il, en clignant des yeux, « mais justement pour cette raison nous ne pouvons permettre aucune exception dans le déroulement de l'enquête ». « Une exception ? » sursauta Doulitch, sentant le piège refermer ses mâchoires d'acier. Mais heureusement Domokoch était sur une mauvaise piste. « Qui parle d'exception ? » poursuivit-il. « Moi, je pense au contraire que nous devons être plus durs quand il s'agit de notre sang. Car écoute… » Il s'échauffait à présent vraiment et cela le soulageait : « Est-ce qu'il n'est pas monstrueux de voir quelqu'un dont la mère est très certainement hongroise, dont le premier mot a donc été en hongrois, qui s'est nourri de notre lait et de notre langue, comploter aujourd'hui contre nous ! » Tandis qu'il parlait, Domokoch hochait la tête en le regardant de côté, l'air d'écouter attentivement. Il continuait maintenant son mouvement en réfléchissant sans doute à la réponse. Soudain il redressa la tête et lança un regard perçant à Doulitch. « Mais qu'est-ce que tu crois, que le communisme est une invention serbe ? Tu n'as rien tiré de l'exemple de la Commune de 19 ? Et tu crois qu'à Budapest nous ne nous heurtons pas à la même bande qu'ici ? C'est puéril, mon cher. » Puis il prit le dossier des deux mains. « Tu en as encore besoin ? » Doulitch hésita quelques instants ; il sentait qu'il était joué d'une certaine façon, ridiculisé même, mais il était incapable de trouver le moyen de recouvrer sa dignité ébranlée. « Non, je n'en ai plus besoin. » Il remit le dossier aux longues mains osseuses de Domokoch.

« Je comprends tout comme toi, ne t'en fais pas », trouva-t-il bon de préciser. « C'est pour cela que je suis venu chercher le dossier, pour l'étudier en détail avant de redescendre voir ce bon à rien. » Il lui semblait qu'il se devait de confirmer que cette bataille n'avait eu ni vainqueur ni vaincu, et il ajouta au hasard d'un ton indifférent : « Et toi, tu as fini avec ton Radojcic ? Je viens de le voir sortir d'ici. » Domokoch acquiesça brièvement : « Oui. » Puis, comme s'il avait décidé de s'en tenir lui aussi aux relations de travail, il fit une moue narquoise. « Le chef l'a envoyé chercher. Il veut le voir. Ils sont maintenant en bas dans la six. » Sa voix vibrait d'une moquerie mystérieuse. Était-ce sur le compte de Reves ? Doulitch ne chercha pas à élucider cette question. « Et comme ça, c'est toi qui es resté garder le bureau », répliqua-t-il, faussement réprobateur. « Chacun fait ce qui lui plaît », dit Domokoch d'un air entendu et supérieur. « Allez ! » Doulitch fit un geste d'assentiment et soupira : « Je retourne voir mon gamin. » Puis il sortit.

Mais au fond de lui-même, il n'était convaincu ni de l'hostilité de Domokoch ni de la monstruosité de l'engagement d'Ostojin. L'une et l'autre choses le touchaient de bien trop près, car ses opinions sociales et sa magyaritude étaient extrêmement vagues. À dire vrai, il était purement hongrois par son père, sa mère et sa religion catholique, mais son nom de famille – hérité, sans aucun doute, d'ancêtres slaves oubliés – l'avait très tôt rendu incertain. Inscrit par négligence au début de sa scolarité sous le nom de Dulić et parlant parfaitement le serbe, puisqu'il avait grandi dans un faubourg pauvre et mélangé, on le prenait pour un Serbe et il ne protestait pas. Il se sentait au contraire flatté, car cela représentait alors en Yougoslavie un avantage. Pourtant le silence auquel il s'était déterminé était ambigu car, lorsque les fils de paysans serbes se moquaient devant lui d'un enfant de manœuvre hongrois qui écorchait un mot ou que son éducation rendait plus timoré, il réprouvait leur arrogance sans avoir cependant le courage d'exprimer cette réprobation de peur de ne plus être leur égal. Mais quand on le retira de l'école, par manque d'argent, il ne sut plus, dans son ressentiment, s'il devait accuser cette pauvreté qui frappait indifféremment toute la population, ou tourner le dos à cette nation qui l'abandonnait, se réservant les positions dominantes. Le véritable retournement eut lieu lorsque, devenu adulte et désireux de fonder une famille, il dut, à cause de la différence de religion, qui n'était déjà plus un problème secondaire, en revenir aux journaliers hongrois qu'il avait jusque-là laissé humilier en silence. L'élue venait d'une famille d'ouvriers vignerons avec beaucoup d'enfants, qui vivait dans une maison au sol de terre battue, où les vêtements servaient à plusieurs générations et où l'on ne connaissait ni les vacances, ni la radio, ni le cinéma, ni les autres moyens d'information accessibles aux Serbes – dans des conditions matérielles pourtant souvent identiques – à cause de leur liberté et de leur hardiesse plus grandes, et qu'il avait lui-même connus çà et là, au moins comme témoin. Son mariage avec Yolanda dont les yeux obliques, les courtes jambes et la démarche légère avaient éveillé en lui un profond désir de la retenir et de la féconder, l'avait par conséquent ramené tout en bas de l'échelle sociale. Elle avait à peine été à l'école, parlait mal le serbe et il devait l'aider à s'expliquer dans les magasins et les bureaux. Ils s'étaient ainsi rapprochés dans l'humiliation, l'infériorité ; mais en même temps leur infériorité tournait à la rancœur et à la soif de revanche. Il attendit l'entrée de l'armée hongroise comme un Hongrois qui a souffert, et ce, doublement, car il avait longtemps cru à tort qu'il n'aurait pas à souffrir. L'exaspération de ses sentiments l'avait décidé à accepter rapidement, soutenu par la Garde nationale où il s'était enrôlé avec feu, le poste d'agent, ce qui ne lui serait autrement jamais venu à l'esprit.

Maintenant encore, par tradition familiale, il considérait que c'était un métier horrible, car il était détesté des gens bien et ordinaires. Doulitch pensait même qu'il pourrait attirer sur lui et sur ses proches, à cause de sa cruauté, des représailles et des catastrophes, si la guerre prenait un tour indésirable. Bien qu'il ait été surtout déterminé par son incomparable profit, il tenait son engagement pour un sacrifice à sa patrie. Il serait tué comme un chien, dans un an ou deux peut-être, serait jeté dans une tombe anonyme, son nom s'éteindrait ou deviendrait symbole des crimes et des cruautés les plus sordides. Et pourquoi ? Parce qu'il remplissait une tâche qui devait être remplie, car il était impossible de ne pas barrer la route à l'hydre de la révolte dans la Hongrie nouvellement agrandie à ses frontières naturelles, par la brutalité et la violence. Pourtant Ostojin, fils d'une Hongroise comme lui, ne souffrait pas comme lui de cette dualité ; il en profitait au contraire pour être serbe de plein droit quand c'était le moment et hongrois quand les temps changeaient, pour rester pur et intègre, grandi même par ses souffrances volontaires, gloire et honneur de l'un et de l'autre peuple ! Et cette mauviette, ce morveux, qui ne connaissait encore ni la responsabilité ni le besoin, qui aurait pu manger tranquillement le pain paternel et se taire, qui s'était donc révolté par caprice pur, par indiscipline, par dérision, pour se moquer de lui qui était plus âgé, qui travaillait depuis l'enfance, qui avait charge de famille, des soucis, qui était père d'un enfant malade ! Doulitch ressentit le choix d'Ostojin comme une gifle et, tandis qu'il passait près des gardiens insouciants du rez-de-chaussée pour redescendre à la cave, vers cette fosse avec ses rangées de salles d'où s'échappaient des cris et des menaces étouffés, il lui parut que c'était Ostojin qui le tirait méchamment et l'obligeait à torturer.

Il entra brusquement dans la salle et surprit les deux gardes à fumer, assis sur le banc, et Ostojin debout, la nuque et le dos appuyés au mur, les yeux clos, le cou et la poitrine mouillés. Au bruit de la porte, il redressa, avec un léger retard, la tête et ouvrit l'œil, tandis que les gardes, à retardement aussi, se levaient craintivement de leur siège. « Debout », leur dit Doulitch, « et préparez des cordes pour l'attacher ». À Ostojin, il ordonna : « Enlève tes chaussures ! » Celui-ci comprit, son œil cligna mais il se baissa très lentement, avec une peine évidente, et lorsqu'il attrapa l'une de ses chaussures sans lacet pour essayer de la retirer, il vacilla et faillit tomber. Dans tout autre cas semblable, Doulitch en eût profité pour le corriger et l'effrayer, mais il se retint, résolu à ne pas se laisser aller. Il attendit patiemment que le détenu ait ôté ses chaussures, puis il lui indiqua le banc, et les gardes, par habitude, l'empoignèrent brutalement par le bras et se mirent, sans besoin aucun, à le tirer vers le bas. « Sur le dos ou sur le ventre ? » pensa pourtant à demander le gardien inconnu, suspendant son mouvement et jetant à Doulitch un regard servile. « Sur le ventre, sur le ventre », répondit hâtivement Doulitch qui venait de perdre un instant à imaginer la position où il voulait voir exposer le corps. Ils plaquèrent le jeune homme sur le banc qui manqua se renverser, ce qui valut à Ostojin un coup dans le dos de la part de Nagy-Karoly ; le garde inconnu lui lia les jambes au siège au-dessus des chevilles et les deux bras étendus aux pieds du banc. Doulitch s'avança, passa l'index sous les trois liens et comme l'un d'eux était lâche, il fit signe à Nagy-Karoly, sans mot dire, de se baisser et de l'arranger. Puis il alla à l'autre bout de la chambre où il y avait une corbeille à linge tressée, étroite et haute, pleine de bâtons. Il en choisit un, le sortit de la corbeille, l'agita, puis le remit, en prit un second, le fit tournoyer dans l'air et siffler. Ce dernier lui sembla plus souple, plus cinglant. Il le garda donc et revint vers le banc. Ostojin était couché sur le ventre, les jambes serrées, les bras tombant vers le sol de béton, la tête pendant sur le rebord du banc comme s'il s'apprêtait à plonger. « Et les chaussettes ? » Nagy-Karoly et le garde inconnu se précipitèrent en même temps pour enlever chacun une chaussette au prisonnier ; ils se dépêchèrent, les tirèrent, les arrachèrent presque, mais le tissu, humide et incrusté, glissait difficilement sur la peau.

Les pieds blancs et les plantes roses d'Ostojin apparurent ; Doulitch s'en approcha et renifla d'un air écœuré. « Rien », conclut-il, « race de seigneurs, c'est bien ce que je pensais ».

Avec délectation, il leva le bâton et frappa à toute volée les plantes de pieds réunies. Il entendit un sifflement et un cri étouffé et vit les deux pieds se colorer d'une marque diagonale rouge et enflée. Il recommença encore une fois, puis une autre, et une autre... en comptant jusqu'à cinq. Il contourna le banc et vint se mettre au-dessus de la tête d'Ostojin. « Maintenant, parle, car ce n'est que le début. Tu m'entends ! Raconte qui t'a dit d'écrire ces ordures sur les murs et qui t'a aidé. » Rien. « Ouvre-la et dis-moi qui c'est ou je te tue. » « Personne. » Cette fois, le refus ne le déçut pas, il s'y attendait, le souhaitait même. « Nous continuons donc », reprit-il et il retourna se placer aux pieds d'Ostojin. Les zébrures, il les vit en se penchant, avaient entre-temps viré au pourpre et s'étaient boursouflées. Il leva le bâton et compta à nouveau cinq coups. « Qui ? Parle ! » Il se baissa pour entendre mais ne distingua qu'un halètement. « Je veux des noms, tu m'as compris ? Qui ? » « Personne », parvint-il à son oreille, méconnaissable, comme au travers d'un bouchon de chaux. « Comme tu veux », admit-il et il se remit à frapper. Par séries de cinq. Les pieds ne furent bientôt plus qu'une cloque sanglante.

Il se retourna et marcha jusqu'au milieu de la pièce, jeta son bâton. Tout en considérant les gardes qui ôtaient les liens des bras et des jambes d'Ostojin avant de le redresser, il alluma une cigarette. Ses doigts tremblaient en approchant l'allumette et quand il essaya de les raidir, c'est tout son corps qui se mit à trembler, de la tête aux pieds, comme sous l'effet de la fièvre. Il crut un moment qu'il était malade, qu'enfin ça y était : il avait attrapé la maladie qu'il avait transmise à Yejan, si elle venait vraiment de lui. Il repoussa cependant aussitôt cette hypothèse ; il refusait de fuir une vérité encore moins agréable. Il torturait en fait à présent non plus par rage, comme d'habitude, ce qui était beaucoup plus facile, mais avec préméditation, et cela lui tendait les nerfs de façon intolérable ; mais il ne devait pas pour autant abandonner ce qu'il avait l'intention d'accomplir jusqu'au bout. « Plus vite », dit-il aux gardiens qui s'affairaient autour d'Ostojin, en se gênant l'un l'autre, et essayaient vainement de le faire tenir sur ses pieds endoloris. « Laissez-le s'asseoir. Il n'a qu'à s'asseoir, c'est justement ce que je veux. Le brodequin ! »

Nagy-Karoly confia au gardien inconnu le soin d'installer Ostojin sur le banc tandis que lui-même allait presque en courant au panier d'où il tira un faisceau de lattes. Il revint et les plaça le long des mollets d'Ostojin, puis il lança à son camarade : « Attache. » Mais ce dernier ne comprit pas ce que l'on attendait exactement de lui et, retenant le prisonnier pour qu'il ne s'effondre pas du banc, il se tourna vers Doulitch. « Je vais le faire », décida ce dernier et il jeta son mégot, s'approcha du banc, s'agenouilla sans se soucier de ses genoux qui trempaient dans le pus et le sang, il prit par terre une corde et, de ses mains encore tremblantes, l'enroula plusieurs fois et l'attacha autour des planchettes que Nagy-Karoly tenait contre les jambes du détenu. « Maintenant, clouez ! », ordonna-t-il en se relevant.

Nagy-Karoly prit une des lattes pointues qui se trouvaient sur le sol, glissa l'extrémité entre les planches, à la jointure du genou et la coinça. « Apportez le marteau, sur la table. » Le second gardien, qui visiblement ne comprenait encore rien à tous ces préparatifs, alla en hésitant jusqu'à la table et prit d'un air interrogateur un gros maillet émoussé des deux côtés, et comme Nagy-Karoly hochait la tête, il l'apporta d'un air indécis. Nagy-Karoly prit le marteau et sans s'arrêter, dans le même mouvement, commença à enfoncer la latte entre les autres. Elle entra sans difficulté car les planches qui entouraient la jambe n'étaient pas très serrées. Mais cela ne l'inquiéta pas beaucoup ; il savait que la suivante allait rencontrer une plus grande résistance. Et de fait, quand Nagy-Karoly entreprit d'introduire la seconde latte, celle-ci pénétra difficilement, centimètre par centimètre. Le visage d'Ostojin se crispa et se couvrit de sueur. Doulitch qui le considérait attentivement reprit haleine. « Qu'est-ce qu'il y a ? Ça fait déjà mal ? » demanda-t-il avec une feinte commisération, en allumant une nouvelle cigarette. « Mais ce n'est que la deuxième latte, petit. Elle ne t'a entamé que la chair. Et la chair est tendre, ce n'est rien à côté des os. Quand les os commenceront à craquer, tu verras ce que c'est que le brodequin. » Il guetta une réponse, mais voyant le prisonnier souffrir sans mot dire, tête basse, il fit signe à Nagy-Karoly de continuer. Celui-ci enfonça une troisième latte et là-dessus, comme si l'on avait appuyé sur un bouton, Ostojin se mit à hurler. Il n'arrêtait plus de hurler, il avait la tête rejetée et la bouche grande ouverte d'où son hurlement jaillissait en un flot continu, un fleuve, le fleuve du désespoir, car, Doulitch le savait, la douleur ne s'était pas relâchée un instant, contrairement à ce qui se passait avec les coups, mais s'était installée et augmentait encore d'un degré à chaque coup de marteau. À présent ses jambes tressaillaient chaque fois, Nagy-Karoly frappait de plus en plus fort car les lattes rencontraient une résistance de plus en plus grande. La tête rentrée, Nagy-Karoly cognait comme s'il enfonçait un gigantesque clou dans un bloc de pierre. Ostojin hurlait, sa voix emplissait la salle et se répercutait sur les murs, déchirait les oreilles, et son corps tressautait comme s'il était criblé de décharges électriques, à tel point que le second garde, jusque-là droit au-dessus de lui, devait s'appuyer de tout son poids sur le banc pour le maintenir. Nagy-Karoly lui assena encore un coup puissant et la troisième latte se trouva clouée sur la même ligne que les autres, atteignant le tibia. Il posa le maillet.

« Que se passe-t-il ? » s'écria Doulitch à pleins poumons, car il fallait couvrir les cris d'Ostojin. Il n'y parvenait guère, il n'entendait pas sa propre voix, elle se noyait comme un murmure dans le cri uniforme et prolongé. Il se pencha, tira Nagy-Karoly par la manche et l'interrogea du regard lorsque celui-ci leva la tête, presque effrayé. Nagy-Karoly haussa les épaules, il avait une expression stupide et son visage aussi était en sueur, ses yeux écarquillés. « Enfonces-en une autre », lui indiqua Doulitch en tapant du poing sur sa paume ouverte, car on ne s'entendait toujours pas, même en criant. Nagy-Karoly secoua la tête en montrant Ostojin toujours hurlant, exténué, affalé sur le second gardien. Mais Doulitch frappa à nouveau du poing sur sa paume et Nagy-Karoly s'inclina sans plus de protestation. Il ramassa par terre une des deux lattes restantes et chercha longtemps à tâtons un espace entre les genoux d'Ostojin ; il introduisit enfin l'une des extrémités dans une petite fente et leva son marteau. Il frappa deux, trois fois et soudain ce fut le silence. Le quatrième coup claqua comme une détonation. Quand son écho s'évanouit, on entendit, faible comme un grignotement de souris, un grincement léger. Nagy-Karoly posa le maillet sur son genou et considéra Doulitch ; celui-ci se pencha vers le prisonnier. Son menton tombait, il avait la bouche ouverte, sa langue pendait mollement au coin de ses lèvres meurtries, ses deux yeux étaient fermés. Mais le craquement se faisait toujours entendre, il s'insinuait dans l'oreille. Doulitch parcourut le corps du regard et comprit brusquement – bien que cela parût invraisemblable, comme il l'avait prédit dans ses menaces : les os se brisaient pour de bon dans les jambes d'Ostojin. Mais le tortionnaire n'y songeait déjà plus – l'autre lui échappait encore.

Il tremblait comme une feuille, il avait les lèvres sèches et râpeuses, même sous la langue. Il articula avec difficulté : « Détache-le ! » Et au second gardien : « Où est l'eau ? Apporte de l'eau ! Il faut le faire revenir à lui. »

Le gardien lâcha le corps d'Ostojin et sortit, tandis que Doulitch, harcelé du désir de s'éloigner, le suivait machinalement d'un pas chancelant. Il s'arrêta dans le corridor, devant la porte, mais il ne voyait ni n'entendait rien autour de lui. Il ne faisait que trembler tantôt plus fort, tantôt moins, envahi par ce tremblement inconscient, jouet d'une force inconnue. Puis son ouïe, la première, recommença progressivement à recevoir les impressions extérieures, un claquement et un bruit sourd. Ensuite sa vue distingua le spectacle de l'agitation, un peu plus loin au fond du couloir. On entrait, sortait, traînait un corps, secoué comme une bûche, vers les escaliers, on le faisait monter. Derrière cet attroupement incompréhensible surgit soudain Reves, qui s'approcha, son large buste tendu sous sa chemise, ses jambes tordues, son lourd visage arrondi, le mégot collé à la lèvre, et ses yeux insaisissables sous les paupières tombantes recouvertes d'une mèche de cheveux. Il s'arrêta, s'immobilisa, comme si Doulitch l'eût interpellé et qu'il attendît ce que celui-ci avait à lui dire. Doulitch, encore bouleversé, ne put que sourire avec effort. « Tu n'es pas là-dedans ? » demanda alors le chef tranquillement, mais en soufflant bruyamment entre chaque mot. « Je viens de sortir », répondit Doulitch en joignant les talons et il remarqua au même moment avec déplaisir Domokoch qui émergeait derrière Reves, tendant l'oreille. « J'attends l'eau pour l'asperger. » Le chef souffla la fumée de son mégot, fit une moue, tandis que le visage de Domokoch derrière lui se décomposait nettement. « Cela signifie qu'il a perdu connaissance ? » demanda le chef, sans trahir ni approbation ni désapprobation. « Oui », avoua Doulitch, qui expliqua. « Ça vient tout de suite chez lui. Il est faible. Mais cette fois-ci », il s'éclaircit la gorge et s'affermit la voix, « cette fois-ci, il parlera ». Le chef se tut puis, se tournant brusquement vers Domokoch, se mit à rire comme si de rien n'était. « Dis-lui, Chimi ! » Domokoch se pencha alors en avant et très doucement, presque dans un souffle, expliqua : « Le chef a mis ce type au pas, ce Radojtchitch, et il a tout dit. Même sur les slogans, et sur Ostojin. Tout, tu comprends ? » Il étira ses lèvres sèches et fixa sur Doulitch ses yeux qui clignotaient. « Tous les noms, toutes les adresses, tout. » Puis il reprit aussi soudainement son expression habituelle, grise et vide. « Oui », continua Reves, et il envoya son mégot à terre d'un souffle, comme une balle. « C'est vrai, tout ! Par conséquent », il s'adressa de nouveau directement à Doulitch, « si ton gamin refuse de parler, s'il refuse absolument, tu sais, cela n'a plus d'importance ». Il tira de la poche de son pantalon, sans sortir le paquet, une nouvelle cigarette et la posa sur sa lèvre inférieure. « Tu n'as plus qu'à t'amuser avec lui, tu sais. » De l'autre main il prit son briquet, l'approcha de la cigarette, joignit les lèvres et aspira la fumée. « Et puis amuse-toi bien, hein, parce qu'on n'a plus besoin de ton Ostojin. D'accord ? » Et quand Doulitch eut soupiré « d'accord », Reves tourna lourdement les talons en remuant ses longs bras, si bien que le frêle Domokoch disparut derrière lui. Il s'en alla, pesant et lent, et ils s'éloignèrent tous deux dans le couloir – Reves titubant et Domokoch sautillant tantôt devant, tantôt derrière lui, comme s'il lui coupait la route et lui cédait le passage alternativement.

Doulitch resta seul, à endurer la honte de son échec. Il se fût très volontiers engouffré dans la première pièce vide, dans la solitude, pour souffler un peu. Mais il ne savait pas où aller, dans cette maison du bruit et de la fureur, où l'on frappait et criait dans tous les coins. Voilà que quelqu'un courait dans le corridor – c'était le second gardien, il secouait un seau qui débordait. « Ne le renverse pas, imbécile ! » Il déversa sa rage sur lui. « Après, il faudra que je te renvoie en chercher. » Et il le laissa passer.

Il comprit vite qu'il était absurde de s'inquiéter davantage de l'évanouissement d'Ostojin, puisque ce dernier était devenu inutile, un cadavre. Oui, un cadavre, car comme Reves le lui avait fait comprendre, il ne servait plus à rien. Autrement dit, épargné, sauvé de la souffrance à venir – seulement à cause de son entêtement ? Ce ne serait plus alors une punition, mais une récompense que lui, Doulitch, ne pouvait lui accorder.

Il fit demi-tour. Avec une énergie nouvelle, une colère froide, vivifiante, il pénétra dans la salle. Là, sur le sol de béton, près du mur, gisait Ostojin, sans nœuds ni planches, trempé et allongé au milieu d'une flaque d'eau ; les deux gardiens agenouillés au-dessus de lui l'examinaient. Doulitch repoussa

Nagy-Karoly et se baissa aussi ; les lèvres du prisonnier se crispaient désespérément pour aspirer de l'air, son unique œil était de nouveau à demi visible. « Je t'ai dit de retourner chercher de l'eau », dit-il au second gardien. « Apportes-en deux seaux, tu entends ? » Et à Nagy-Karoly : « Soulève-le et rattache-le au banc, mais sur le dos et partout, pour qu'il ne puisse pas remuer. » Nagy-Karoly se pencha, attrapa Ostojin sous les bras et le hissa autant qu'il put sans parvenir à le redresser. « Attends », reprit Doulitch, il s'approcha du jeune homme, le prit sous les genoux. Le prisonnier gémit douloureusement, commença à trembler, essaya de se dégager, mais Doulitch serra intentionnellement plus fort là où il savait que cela faisait mal. Ça n'avait qu'à faire mal. Ils le soulevèrent, Nagy-Karoly et lui, et le jetèrent sur le banc. Il s'écarta immédiatement. Il était mouillé et sur sa manche s'étalaient deux ou trois traînées sanglantes, visqueuses. « Pouah », s'écria-t-il et il retira sa veste avec précaution, du bout des doigts. Il la mit sur la chaise, près de la table. Il sortit ses cigarettes de sa poche et en prit une. Ses mains, remarqua-t-il, ne tremblaient plus. Quand il se retourna, Nagy-Karoly avait terminé d'attacher Ostojin au banc et se redressait essoufflé. « Trouve un entonnoir et un pot », lui ordonna-t-il. Et comme le second gardien revenait à cet instant, un seau d'eau dans chaque main, il lui désigna un endroit devant le banc. « Pose-les là. » Il s'avança et vérifia du doigt la tension des cordes, d'abord sur les jambes, puis autour du buste le long duquel étaient disposés les bras. Il décida alors : « Vous deux, dehors ! »

Nagy-Karoly lui remit alors dans la main gauche un grand entonnoir rouge et dans la droite une cruche en émail bleu ; il s'inclina en les tenant derrière son dos et, tandis qu'il attendait que les autres s'éloignent, il examina le visage d'Ostojin. Il était blanc comme la craie, les contusions étaient d'autant plus nettes sur l'œil, sur la joue gauche et sur la mâchoire, au-dessous de l'oreille droite où elles étaient jusque-là invisibles. Mais ses lèvres – celle du haut, intacte, et celle du bas, fendue et un peu enflée – étaient jointes avec leur arc savoureux, doux et harmonieux ; dans son œil à moitié ouvert, couleur de pierre, flottait une expression d'attention consciente. Après s'être retourné pour s'assurer que les gardiens étaient bien partis, il se pencha au-dessus de cet œil et dit : « Maintenant nous sommes seuls, toi et moi. Je ne te questionnerai plus, car tu ne peux plus rien m'apprendre. Nous savons tout, nous avons tout obtenu de tes camarades, tout, tu comprends, ton silence n'aura servi à rien, plus rien ne m'intéresse maintenant que ta souffrance et c'est pourquoi je vais maintenant te faire souffrir. Mais pas pour que tu parles, tu comprends, pour la souffrance seule, uniquement. Garde bien ça à l'esprit. » Il fourra l'entonnoir entre les lèvres charnues et, avec une petite poussée, entre les dents rougies. « Maintenant tu vas boire de l'eau, tu comprends. Beaucoup, beaucoup d'eau et ton ventre va gonfler jusqu'à exploser. » Il se pencha, prit la cruche et commença à verser dans l'entonnoir. Il regardait non pas ce qu'il faisait, mais le corps d'Ostojin. Celui-ci déglutissait lentement, sa pomme d'Adam secouée montait et descendait, il avalait, avalait et Doulitch, sans le quitter des yeux, se penchait avec précaution pour prendre de l'eau et la verser doucement dans l'entonnoir. « Il doit avoir bu deux litres au moins pour l'instant », calcula-t-il intérieurement et il se demanda s'ils étaient, Ostojin et lui, proches de la limite d'absorption d'un estomac. Il désirait en être encore loin, que cet exercice dure encore longtemps, ce jeu de vases communicants entre un seau plein d'eau et le ventre d'Ostojin, car il y trouvait une satisfaction presque tendre, un lien qui se prolongeait mais allait inévitablement se terminer par sa victoire à lui, par la défaite de l'autre. Il versait et regardait la pomme d'Adam du prisonnier faire son va-et-vient, de plus en plus lentement, mais tout de même de façon irrépressible, à la rencontre de sa victoire à lui, Doulitch. Le jeune homme respirait déjà difficilement, par le nez, il geignait, ses joues se gonflaient et se couvraient de plaques rouges, mais il buvait encore, sa pomme d'Adam remuait encore et le niveau de l'eau dans l'entonnoir baissait, transparent, soumis. « Jusqu'où ? » se demandait Doulitch à la fois inquiet et content, car il redoutait toujours d'atteindre la limite tout en l'attendant de plus en plus impatiemment. Avec une curiosité croissante, car il ne savait pas au juste ce qui allait suivre. Il se doutait seulement que ce serait une chose inconnue, une chose terrible qui lui donnait déjà froid dans le dos. Soudain Ostojin étouffa, un jet d'eau jaillit aux coins de sa bouche, il toussa. « Non, non, pas encore », protesta Doulitch presque suppliant. « Tu peux encore avaler, n'est-ce pas ? » Il laissa tomber la cruche sur le sol et pinça le bout du nez du jeune homme entre le pouce et l'index de la main droite. « Autrement tu ne pourras plus respirer », ajouta-t-il. Ostojin eut un sursaut, son visage devint noir, son œil s'ouvrit tout grand, mais il recommença à déglutir, en suffoquant et en toussant. « Là, là, l'encouragea Doulitch en lui lâchant le nez. « Avale. » Il se pencha, saisit la cruche, prit de l'eau et la versa dans l'entonnoir. Il savait pourtant que la fin n'était plus très éloignée et cela le remplit de crainte et de joie. Ostojin inspira bruyamment par le nez maintenant libre, puis s'étouffa à nouveau, se mit à tousser et à trembler, la tête et le corps tout entier agités. Son visage s'empourpra, bleuit, mais Doulitch continua à verser et à presser sur l'entonnoir. Ostojin haletait à présent, il s'étranglait, les jets d'eau qui lui sortaient de la bouche se colorèrent de rouge. « Je vais le tuer » pensa Doulitch avec horreur. Mais on lui avait dit qu'il ne serait pas appelé à en répondre.

Il pressait maintenant l'entonnoir de toutes ses forces. Il rejeta la cruche et s'aida de la main droite. Il poussait et sentait sous ses mains le métal coupant entrer dans la chair, il vit l'œil d'Ostojin quitter son berceau de paupières et de cils et devenir fou, un non-œil qui lui rappelait irrésistiblement d'autres yeux. Il se souvint brusquement que Yejan avait les mêmes quand il avait peur de lui et de ses colères. Je suis en train de tuer mon fils, pensa-t-il incrédule, et il se rendit compte en même temps que c'était du sérieux, car en tuant le prisonnier sans raison, il tombait en état de péché mortel. Il ne pouvait donc rester impuni. Le châtiment viendrait tout naturellement, par celui qui était déjà sur son lit de mort, malade, entre les mains de Dieu. Malgré cela il ne pouvait plus se dominer, s'arrêter. Il pressait, pressait en goûtant avec délice la pénétration des bords coupants qu'il pressait comme si c'était le prolongement de son propre corps. Il pressait en voyant avec terreur sur le visage d'Ostojin la bouche sanglante de son fils et ses yeux écarquillés. Il écrasait dans l'un comme dans l'autre toute résistance à sa volonté. Il écoutait son râle comme un soupir d'amour. Il ne se refroidit qu'après le plaisir, humidité sur sa cuisse. Sous lui l'œil bleu d'Ostojin était fixe, mort depuis longtemps. Il retira l'entonnoir qui était couvert de sang d'un rouge plus sombre, jusqu'au manche. La bouche d'Ostojin aussi était pleine de sang et béait toujours, comme un autre entonnoir ouvert, informe.

Maintenant il n'éprouvait plus de haine contre lui, il ne sentait plus que la peur et l'horreur. « Qu'ai-je fait ? Qu'ai-je fait ? » murmura-t-il. Ce n'étaient pas des questions, mais des réponses aux images qui défilaient à nouveau devant ses yeux. Il comprenait qu'il avait été un sauvage, un monstre de perversion et qu'il lui était impossible de continuer à vivre comme avant ; il s'étonnait de ne pas être déjà réduit en poussière. Il se souvint alors que le châtiment lui arriverait par Yejan, que Yejan se décomposait et se détruisait, lui qui se trouvait « entre les mains de Dieu ». Il avait reçu un avertissement, mais il l'avait repoussé et souillé. À présent l'avertissement était certainement devenu réalité, l'enfant était mort, la bouche entrouverte et les yeux fixes, comme Ostojin ; toute la maisonnée est morte, on entend seulement les lamentations de sa femme à moitié folle. Quelle contenance prendre devant les autres, comment regarder les gens en face ? Chacun saura que c'est un criminel, à cause de son fils. Tout ce qu'il essayait jusque-là d'éviter. Déchéance et honte ! Déchéance et honte ! Nom marqué à tout jamais, vieillesse froide, glacée, flétrie. Comment le supporter ?

Cependant il ne pouvait plus tenir ici, près d'Ostojin ; il ne pouvait plus le regarder, car il voyait en lui le cadavre de Yejan et il ne pouvait pas non plus éviter de le regarder, regarder les murs maculés et exhalant une odeur de sang, qui se resserraient autour de lui jusqu'à l'étouffer. Il devait sortir loin de cette atmosphère suffocante, à nouveau, mais cette fois les épaules chargées d'un crime irréparable.

Il quitta la salle. Un murmure, que couvraient des cris venus du fond. Un peu plus loin, Nagy-Karoly et le second gardien fumaient et parlaient, insouciants. Il passa à côté d'eux tête basse, sans se décider à leur adresser la parole ni à les regarder, certain d'ailleurs que dès qu'il aurait disparu, ils se précipiteraient dans la pièce voisine s'assurer de l'horreur qu'il laissait derrière lui.

Bientôt, demain déjà, ils apprendraient celle qui allait le frapper comme un châtiment. Il serait couvert de honte ; il serait un exemple de déchéance.

Il montait déjà l'escalier, mais sans pouvoir se résoudre à entrer dans son bureau, à affronter Domokoch et Reves. Plutôt mourir, pensa-t-il, sortir le revolver de sa poche et se tirer une balle dans la tête. Comme ça, un instant de douleur lui épargnerait la honte de toute une vie. Mais où faire cela ? Il se dirigea vers les toilettes, voulut entrer, mais la porte heurta quelque chose de mou et quand il essaya de pousser davantage, il vit apparaître le visage rouge et grimaçant de l'inspecteur Klopenholz : « Je suis avec deux demoiselles, attends ! »

Il esquissa un sourire, dernière concession à cet étrange métier qu'il pratiquait encore pour les autres, et poursuivit son chemin. À droite, il y avait le bureau des dactylos où il n'y avait plus personne à cette heure-ci. Il poussa la porte. Mais sur la table, il trouva un téléphone dont il s'approcha presque malgré lui. Parler avec sa femme, entendre ce qui s'était passé, si le cauchemar s'était vraiment réalisé. Il décrocha le combiné mais n'entendit rien, car cet appareil n'était pas directement relié à la ville. Tant pis, il attendrait que le téléphoniste réponde. Il dicta le numéro en s'embrouillant, puis attendit et sentit le sang refluer de sa tête et une douleur lui tordre l'estomac. Enfin une sonnerie, puis une autre, puis une troisième, puis plus rien. Nouvelle souffrance : bien sûr, cette fois encore elle ne parlait pas. Il aspira une bouffée d'air. « C'est toi, Yoli ? » « Oui. » Elle avait une petite voix, comme desséchée et son estomac se serra. « Dis-moi ce qui se passe ! Qu'est-ce qui se passe ? » « Yejan, – là, elle s'étrangla – Yejan va mieux, beaucoup mieux, la fièvre est tombée. Ô Yantchi, il va vivre, on dirait ! » Il attendit ; il n'y croyait pas. « Mais c'est bien toi ? » « Mais oui, mais oui. » « Et tu dis que Yejan va mieux ? » « Oui, la température est tombée, il a le regard clair, maintenant ; il a même demandé du jus de framboise. Ô Yantchi, je suis si heureuse ! »

Il reposa l'écouteur, il n'avait aucune envie d'entendre ses épanchements. Il sentait son tourment, comme un frôlement imperceptible, glisser, sa nausée l'abandonner, ses idées s'éclaircir. « Tout va s'arranger », pensa-t-il, ou plutôt, il se demanda comment c'était possible. La vie allait donc continuer comme si rien ne s'était passé, il continuerait d'être un homme, il avait un fils, il avait un avenir, un avenir infini devant lui. La vie ! Et obéissant à un besoin irrésistible, mélange d'émotion et d'émerveillement, Doulitch marcha jusqu'à la porte, tourna la clef puis revint sur ses pas, tomba à deux genoux, joignit les mains, leva les yeux vers le plafond et s'écria à pleine voix : « Mon Dieu, merci !

Tu n'existes pas, mon Dieu ! Non, vraiment, tu n'existes pas ! »

Ensuite, apaisé et exténué, il se leva, s'approcha de la porte et tourna à nouveau la clef. Il entreprit de remettre de l'ordre dans sa tenue. Il passa les doigts dans sa chevelure ondulée, en suivant, par habitude, son flot indiscipliné, chercha des yeux un miroir et n'en trouvant pas, se regarda de haut en bas, son gilet froissé et son pantalon taché. Il se rendit compte alors seulement qu'il n'avait pas de veste. Il l'avait ôtée dans la chambre de torture et ne l'avait pas emportée. Il se dit qu'il allait descendre la chercher, quand il se rappela le cadavre d'Ostojin qui gisait encore là-bas, ensanglanté, peut-être encore attaché au banc. Il n'avait pas envie de le voir, cette seule idée l'horrifiait ; il ordonnerait à un gardien à l'entrée de dire à Nagy-Karoly de le faire enlever. Et par la même occasion, qu'ils lui envoient sa veste. Il pouvait le leur ordonner, il pouvait leur ordonner tout ce qu'il voulait et eux lui devaient entière obéissance.

La Pire des nuits

On pense généralement que la pire des nuits est la nuit d'agonie. Mais il n'en sera pas question ici. Car la mort, malgré toute son horreur, qui est extrême parce qu'ultime, parce qu'après elle il n'y a plus d'espoir, plus rien, comporte néanmoins une aspiration à l'apaisement qui s'insinue sous l'effet de la maladie, de la souffrance, de l'épuisement, du découragement. La conscience et les parties saines du corps ont beau résister, ce désir demeure et triomphe, dans la mesure où la maladie progresse, pour l'emporter enfin, dans la défaite suprême.

On peut, bien entendu, attendre la mort en parfaite santé, indemne : dans une cellule, avant d'être exécuté, ou bien bloqué loin de tout par un éboulement, sans aucun espoir de secours. Cette fin certaine apparaît comme une intrusion incontrôlable, irrésistible, du monde extérieur ; les murs, les serrures, les chaînes, les gardiens, l'isolement, tout y contribue. Là, même sans avoir mérité de mourir ainsi, on accepte l'horreur et la panique, parce que le jugement – des hommes et de la nature – est déjà prononcé et que l'on n'y peut plus rien.

Bien différente, plus terrible encore, est la nuit de l'homme qui se prépare à marcher à sa perte, dès le lever du jour, alors que son corps et sa conscience sont intacts, que ses mouvements sont libres, qu'il n'est accusé – ni soupçonné – d'aucun délit personnel. C'est une sorte de suicide. Seulement le véritable suicidé hait la vie plus qu'il ne redoute la mort – c'est précisément ce qui lui permet de s'infliger lui-même ce nouveau mal, tandis que l'homme-de-la-pire-des-nuits craint infiniment la mort, il se raccroche éperdument à la vie. Il se prépare à mourir par passion pour la vie, car l'ordre qu'il exécute en fait encore partie, alors que tout manquement équivaut à la mort. L'homme le sait. Il sait qu'il n'y échappera pas, puisqu'il appartient à une minorité condamnée. Il a appris, par les nouvelles clandestines qui sillonnent le pays, dans quelles conditions abominables la mort survient : entre des fils de fer barbelés où passe un courant à haute tension, sous la surveillance de gardiens haineux secondés par des chiens-loups enragés, dans la saleté et la promiscuité, en haillons, sous les cris, les coups, les insultes et les humiliations, jusqu'à l'épuisement final, quand le corps déjà à demi mort est jeté dans la gueule d'un four éternellement brûlant.

Pourtant il partira demain. Car c'est demain qu'il sera privé de sa liberté.

Quand le commandement des unités militaires a fixé ce jour, il était libre. Il était encore libre quand on a publié cette date sur des affiches pareilles à toutes les autres, celles qui réglementent la vaccination ou les inscriptions scolaires. Avec un sceau, la signature des responsables et la menace d'une sanction en cas de désobéissance. Ici sanction revient à dire mort. Il le sait, bien que cela ne soit pas écrit. Mais il sait aussi qu'il est libre tant qu'il n'a pas encore choisi entre l'obéissance ou la révolte, tant qu'il se prépare à obéir, dans la pire des nuits. C'est en cela qu'elle est la pire.

Il peut encore choisir, mais, quelle que soit sa décision, il est condamné. Pas à coup sûr, il ne s'agit pas de l'exécuter. Ce que l'on veut, c'est sa mort. Et cela rend son choix illusoire, impossible. Il lui faut donc obéir aux ordres, comme on le lui a toujours appris. La vie repose tout entière sur ce principe. Il assure à l'individu le nom, le séjour au lieu qu'il s'est choisi. Il lui assure la liberté de mouvement pour son travail et ses loisirs. Il lui assure l'éducation, l'instruction, la possibilité de fonder une famille en s'attachant l'être qu'il aime, de faire et d'élever des enfants qui porteront son nom. Il lui assure une vieillesse protégée et une mort sereine. Il lui assure enfin une sépulture auprès de ses ancêtres.

Mais cet ordre-là annule tout. Fini le nom, puisque celui-ci est remplacé par un numéro arbitraire, fini le métier, le mouvement, la famille, la vieillesse, la mort naturelle, la tombe gravée. Tout cela est précipité dans l'incertain, ruiné, volatilisé comme par une bombe. Cependant, comment l'éviter ? La désobéissance entraîne une autre incertitude, une autre ruine. Fuir ? Mais où ? Les ordres enserrent l'homme comme les barbelés le lieu de sa mort prochaine. Où qu'il aille, il sera contraint de dire qui il est, d'où il vient, pourquoi il est parti. Sa fuite sera découverte. Il sera puni de mort. Alors, quelle mort choisir ?

Tel est le dilemme de l'homme-de-la-pire-des-nuits. Il est assis, la tête entre les mains, au cœur de la nuit, dans sa maison qu'il quittera demain matin. Pour toujours, il le sait. L'appartement se referme sur lui comme une coquille. Une coquille fêlée pourtant, que l'on peut forcer de l'extérieur avec une pointe et ouvrir brutalement. Oh, si elle pouvait être hermétique et sa charnière scellée d'une cire imperceptible mais indestructible ! S'il pouvait rester chez lui avec ses affaires, avec les siens endormis, longtemps, très longtemps, éternellement. Si cet appartement était un sous-marin échoué au fond de l'océan mais pourvu du nécessaire, il y vivrait hors d'atteinte, tandis qu'au-dessus de lui la tempête ferait rage !

Il sait que son rêve est absurde. Il entend le martèlement des chaussures cloutées dans la rue. Un martèlement sec, monotone, accompagné du cliquetis métallique des armes, des ceinturons, des sangles qui sonnent plusieurs fois à chaque pas. Chaussures cloutées et fusils. Arrestation et coup de feu. Tout cela à deux pas de lui, de l'autre côté du mur. Il n'en est protégé que pour le restant de la nuit.

Or la nuit diminue, le temps passe. Il était entre onze heures et minuit quand sa femme et sa fille se sont couchées. Il est maintenant trois heures passées. L'homme regarde le réveil qui est placé devant lui, sur la table. Rond, ordinaire, en fer, avec un anneau nickelé au sommet, un anneau assez grand pour y passer l'index et permettre de le porter facilement. Ce réveil a souvent changé de place depuis qu'ils l'ont acheté, il y a pas mal d'années, cinq ou six peut-être. Ces mécanismes simples sont robustes. Il est généralement posé sur la table de nuit, au chevet de sa femme. Ainsi ils se réveillent ensemble, elle, pour préparer le petit déjeuner et lui, pour partir travailler. Leur fille le prend parfois en allant se coucher – le doigt menu qu'elle passait dans l'anneau avait forci au fil des ans –, quand elle veut se réveiller avant les autres pour apprendre ses leçons ou préparer une excursion. Cela provoque des confusions désagréables. Le réveil se met à sonner dans la salle de séjour où elle dort, sur le divan, près de la fenêtre, et son timbre aigrelet et perçant réveille toute la maison. Sa femme se lève aussitôt pour veiller à ce que la petite réchauffe bien son petit déjeuner, emporte son casse-croûte et s'habille convenablement. Tandis que lui essaye de se rendormir, la plupart du temps en vain, car il suit malgré lui les bruits des femmes dans la pièce voisine ; il craint qu'elles ne l'oublient, lui qui travaille pour les nourrir. Chers malentendus innocents de chaque jour ! Voix qui se mêlent, qui se répondent en criant, agacements, querelles. Petites blessures d'amour-propre, petites susceptibilités. Comme tout cela est futile et charmant comparé à ce silence, que déchirera bientôt la sonnerie du réveil pour les inviter à un départ sans retour !

Il regarde fixement les aiguilles qui lui paraissent immobiles. Mais il sait que ce n'est qu'une illusion. Elles bougent en réalité, sournoisement ; jamais on ne peut les surprendre. Or elles avancent, elles accumulent les secondes, les minutes, les heures, vers ce dénouement redouté, vers cette percée dans le temps qui l'arrachera à son refuge. Se peut-il que cet instant arrive ? C'est impensable. Il est si profondément installé. Il est impensable qu'un homme qui désire à toutes forces rester doive à un moment donné y renoncer par le simple mouvement de deux aiguilles apparemment immobiles. Il le devra pourtant – cela semble fou. Il détourne les yeux du réveil – où la grande aiguille a déjà nettement avancé sans qu'il l'ait remarqué. Son regard fait le tour de la pièce. Il a devant lui le divan, où le corps de sa fille a laissé son empreinte. Il est vide ; la petite est allée passer cette nuit d'horreur dans la chambre auprès de sa mère. Il y a aussi l'armoire avec la vaisselle des jours de fête, et plus loin l'étagère et les livres qu'il a achetés ici où là avec fierté, et qu'il a feuilletés parfois, les longs après-midi de loisir ; la radio autour de laquelle ils se réunissent le soir avant de se coucher ; enfin les rideaux que sa femme a taillés et posés avec soin. Ce ne sont pas seulement des choses, des objets, ce sont les traces, les aspects, les signes, les choix d'une vie, déterminés par la nécessité et le goût, par ce qui distingue un individu de tous les autres.

L'homme qui est assis dans la pire des nuits découvre tout cela ce soir. Il a accumulé les objets comme il a accumulé les instants, les minutes, les journées, sans y prendre garde, au gré de ses besoins, au gré de ses envies, surpris de chaque nouveauté comme si elle lui était étrangère. Il s'aperçoit à présent que cette série d'acquisitions apparemment incohérentes et accidentelles, ainsi que la série de ses actes, forment un cercle solide et harmonieux, intimement lié à sa propre personne ; cet accord l'irrite et l'attire, et transforme son mécontentement en un nouvel acte qui se confond avec lui, qui est lui-même. Cercle maladroit et vulnérable. Le lustre par exemple, dont les ampoules éclairent le plafond au lieu de la table ; il n'avait découvert ce défaut que lorsqu'ils l'avaient déjà acheté et cela l'avait mis en rage, mais il savait qu'il avait participé à son choix, sous l'influence de sa femme bien sûr, qui l'avait traîné dans le magasin. Sa femme était dépensière, un peu trop pour les revenus de son mari ; elle était incapable de résister quand elle avait envie d'une jolie chose. Toujours un peu essoufflée, impatiente, souffrant des premiers symptômes d'une élévation du métabolisme qu'elle soignait déjà. Sa fille était à l'âge des petits revirements, des révoltes contre lui et contre sa mère, surtout ; il devait la calmer et la ramener à la raison par des conseils ou des menaces. Il y avait aussi son goût pour la rêverie, les livres qui ne sont pas pour son âge, ses sorties trop fréquentes au cinéma ; il y avait sa puberté précoce, ses premières règles à treize ans suivies de problèmes de croissance guéris depuis peu par des piqûres, et la question de savoir si c'était bien fini. Tous ces soucis le tourmentent, l'assaillent, le dérangent, mais il ne peut s'en passer, il s'y accroche, car sans eux, sa vie serait vide. Et maintenant tout allait se dérégler, s'embrouiller, lui échapper, pas à lui seul, au monde entier. Tout allait se volatiliser, comme si le tissu de sa propre existence formé au fil des ans par des bribes de temps, des petits riens, comme si sa propre substance, le travail des siècles qui se poursuit dans cette série de détails apparemment fortuits, ne comptaient plus.

Se peut-il que cela disparaisse ? Cette combinaison sensible, autonome, cette présence unique sans laquelle le monde ne serait pas ce qu'il est, sans laquelle pour lui il n'existerait même pas ? Oui, c'est bien cela, le monde n'existera plus pour lui, tel est le sens de ce départ forcé contre lequel s'insurge chaque battement de cœur. Mais on veut qu'il parte, bien que ce soit absurde et monstrueux ; il se prépare ce soir à accomplir cette volonté, malgré lui, malgré les siens, contre la nature et contre la raison. Est-ce possible ? Comment se fait-il qu'il accepte, lui qui est raisonnable, ce choix déraisonnable jusqu'à la folie ? L'homme s'est souvent posé la question : il sait que cette domination de l'irrationnel sur son esprit, sur sa volonté, est le fruit d'une série d'événements apparemment aussi fortuits que ceux qu'il a lui-même provoqués, ce qui revient à dire qu'ils sont également l'expression d'une nature particulière, seulement contraire à la sienne.

Il avait immédiatement percé la menace. L'armée étrangère est arrivée, casquée, visage de fer, arrogante ; on a promulgué des décrets qui, un à un, l'ont privé de ses droits. On lui a retiré son emploi, on lui a imposé des charges particulières, on l'a acculé à faire un travail inutile et impayé sous la surveillance de jeunes imbéciles haineux, on l'a inscrit sur la liste des êtres inférieurs. Il a accueilli ces vexations avec colère, avec amertume, avec crainte, avec indignation, mais il les a supportées car elles sont venues progressivement, lui permettant ainsi de s'y accoutumer, et parce qu'en occupant le centre de sa vie, de sa triste vie, elles sont devenues l'apparence, l'illusion de la vie même ; il se déployait autour d'elles, insensiblement, sans se rendre compte qu'elles le menaient à sa perte, à cette nuit. Peut-être le sentait-il, sans se l'avouer, puisqu'il ne pouvait de toute façon pas lutter. Il lui semble à présent qu'il est arrivé au terme, à la dernière privation, qu'il aurait pu réagir, qu'il le devait. Il voit qu'il n'aurait rien perdu à se révolter, puisque même ainsi, il perd tout. Mais il est trop tard, il s'est laissé faire jusqu'au bout, il abandonne la vie. Est-il vraiment trop tard ? L'homme tend l'oreille dans la nuit, il entend s'éloigner le bruit de pas, il rêve qu'il sort de sa coquille, qu'il s'envole, qu'il plane au-dessus de la nuit, avec un cri de désespoir et de révolte, éveillant sous lui la ville endormie. « Ils me tuent ! Ils nous tuent ! » hurle-t-il, et il écoute l'écho de sa voix. Mais on n'entend rien, la ville dort comme il dormait lui-même jusqu'à la nuit passée, fatigué d'avoir porté des briques et creusé des fossés de l'aube à la nuit, sous les insultes, épuisé de menaces, de peur, heureux de retrouver une fois encore la chaleur de son lit, les bras de sa femme, le frais parfum de sa fille. Chacun est allé se coucher ce soir, comme d'habitude, mais lui veille, comme tous ceux qui doivent prendre demain le chemin du non-retour ; personne n'entend leur cri, que ceux qui crient aussi en silence. Ils ne se sont pas concertés à temps, ils n'ont pas uni leur voix, ils n'ont pas averti les autres de sauter à leur appel et d'entrer dans la lutte, il est trop tard, l'illusion a tout emporté, l'illusion les a étourdis ; après cette nuit, il n'y en aura plus d'autres, ils vont être emmenés et leurs cris s'éteindront.

Il s'étonne. Il imagine à quoi peut ressembler le monde sans eux. Cette maison vide ou habitée par d'autres gens qui diront d'autres mots, avec une autre voix, un autre accent, une autre façon de parler, un autre sens, qui portent d'autres vêtements et ont d'autres occupations. Les murs pourront-ils le supporter ? Ne vont-ils pas se briser à ces nouveaux échos comme un vase sous une pression trop forte ? Le monde conservera-t-il son harmonie s'il se produit en lui un trou, une série de trous derrière les disparus ? Le monde ne sera plus le même, mais qu'est-ce que cela peut lui faire ? C'est difficile à imaginer, le monde désert comme un bâtiment abandonné, comme un hangar d'où l'on a retiré à tout jamais les machines et qu'envahissent le silence et les toiles d'araignées. Ou bien tout cela n'existe-t-il que dans sa conscience, dans la conscience de ceux que l'on emmène, tant que celle-ci durera, tant qu'ils seront en vie, tandis que ces lieux resteront pour les autres occupés et vivants. Il conclut avec horreur que c'est bien ce qui se passera ; l'existence entière de ces condamnés, leur travail, leurs efforts, leurs actions, leurs paroles, leurs relations, seront arrachés comme une dent, pour ne laisser qu'une blessure, vite cicatrisée, vite recouverte d'une nouvelle peau, vivante et rose. C'est l'égoïsme de la nature, elle tire la vie de ce qui est mort, seulement ici la mort vient par la force, par une décision contre nature.

Or la nature se rebelle. Pourquoi mourir ? Il refuse ! Il refuse de partir demain, de se ridiculiser avec son sac à dos comme un excursionniste fou, vieillissant, les cheveux grisonnants et les yeux cernés, suivi de sa femme et de sa fille aussi grotesquement harnachées que lui, car elles l'ont cru quand il a dit qu'il fallait partir. Pourquoi faut-il partir ? C'est ici qu'est leur maison, leur abri, leurs affaires péniblement accumulées au fil des ans, c'est ici leur appartement : il paye régulièrement le loyer et il a droit de l'occuper jusqu'à la fin du mois. Il y a là quelque chose qui ne va pas, voilà que quelque chose déraille dans le mécanisme des ordres, car si un ordre l'oblige à payer cet appartement, comment se fait-il qu'un autre lui ôte le droit d'y vivre ? L'homme sent qu'il devient fou, il tourne et retourne fébrilement de petites illégalités alors qu'il y a belle lurette que l'on se moque de la loi, qu'on la bouscule, au su de chacun. Il le sait lui aussi. Il sait qu'il doit partir, sinon on tirera sur lui et sur les siens. Il doit sortir le sac au dos, fermer son appartement, remettre les clefs au gardien, abandonner son foyer. D'ailleurs il n'aura plus jamais besoin de foyer. On lui en prépare un derrière des barbelés, dans un baraquement pouilleux, on le fera mourir de faim et d'humiliation, on le jettera en pâture aux flammes. Alors pourquoi se donner tant de mal ?

Il tente encore de trouver une issue. S'il réveillait maintenant sa femme et sa fille, il les forcerait à s'habiller, à prendre le strict nécessaire et à le suivre dans la nuit. Non plus par ordre mais par choix. Comme des loups. Se glisser de porte en porte, de coin en coin, éviter soigneusement les postes de garde, et quitter finalement avant l'aube les dernières rues. Pour les champs. Se réfugier dans la forêt la plus proche, attendre, cachés, la nuit suivante et reprendre la route. Jusqu'à ce qu'ils arrivent dans une région sauvage, déserte, sans lois, sans ordres, où ils sont seuls avec la nature, enfin sauvés, enfin libres, reprennent haleine et s'embrassent.

Ce tableau le transporte un instant. Il se lève et se dirige hagard vers la chambre à coucher. Il heurte une chaise mais parvient à l'empêcher de tomber, il veille à ne pas troubler le silence. Il s'arrête soudain. Pourquoi veiller au silence quand il désire justement le rompre ? C'est suspect. Il s'approche du seuil de la chambre sur la pointe des pieds et jette un coup d'œil.

La porte est entrebâillée de la largeur de deux paumes, et la lumière du salon qui traverse le vestibule où se trouve l'homme éclaire suffisamment pour lui permettre de distinguer une partie de la pièce et les deux oreillers. Sur l'un repose sa femme, sur l'autre sa fille. La femme est couchée sur le dos, droite, la bouche entrouverte comme toujours dans cette position ; avec un peu d'attention, on entend même sa respiration sifflante. Elle est profondément endormie car elle a pris un somnifère, il le sait : il voit sur la table de nuit le verre à moitié plein d'eau brillante. Sa fille, elle, dort sur le côté, la tête tournée vers sa mère, presque tordue, si bien que, sous l'édredon, on ne voit d'elle que ses cheveux sombres luisants et ses petites mains argentées. Il devine avec quelles noires pensées elles se sont assoupies ; il devine leurs rêves. Rêves troublés, rêves apeurés, où contre toute vraisemblance, il est seul à les protéger. Et voilà qu'il doit les arracher à ce bercement, douloureux peut-être, mais inconscient, pour les plonger dans la réalité d'une fuite impromptue. Comment leur expliquer cela si brutalement ? Comment les décider à se lever sans discuter et à le suivre dans la nuit hostile où les guettent sentinelles, embuscades et patrouilles ? Comment leur apprendre en quelques instants à se cacher, à ramper silencieusement, à tromper les regards, les jumelles, les projecteurs ? Comment exposer leur corps tendre, encore chaud, au froid et à la solitude, à la rugosité des pierres, aux piqûres des épines, peut-être même aux balles et, si elles sont prises, aux coups de poings et de crosses, aux insultes, aux interrogatoires, au viol même, dans un champ, protégé par l'obscurité et l'absence de tout contrôle ? Elles ne sont pas préparées à cela. Il les a lui-même empêchées d'y penser, il a toujours minimisé le danger, caché ses souffrances, son désespoir, il s'est efforcé de garder l'air confiant même dans les pires cas. « Ce n'est rien », leur disait-il, « cela va passer. » Ou : « L'illégalité ne peut pas durer éternellement, nous en sortirons. » Il les berçait d'illusions comme il se leurrait lui-même, plus encore, car il reconnaissait au moins la vérité en son for intérieur, tandis qu'il la dissimulait à leurs regards effrayés sous une foi mensongère. Foi dans la justice et le droit qui gagnent à tous coups. Or il fallait maintenant les décider soudain à partir à leur conquête, en rampant dans la nuit, en retenant leur souffle, en montrant les dents, prêtes à manger la terre et à sauter à la gorge pour se défendre. Comme des louves. Mais ce ne sont pas des louves, ce sont deux femmes douces, vulnérables, soumises, que leurs dépenses inconsidérées et leurs rêveries excessives ne rendent pas bien dangereuses. C'est lui qui les a voulues ainsi. Son éducation, sa mentalité, lui ont appris à tenir aux apparences, à l'ordre et à la mesure et lui ont donné une femme chaude et douce, intuitive, timide, discrète et fermée, pas une louve.

Mais si elles ne le deviennent pas toutes seules, on les traitera demain comme des louves. On les exposera nues au froid, on glissera la main dans leur intimité, on remplacera leur robe par des guenilles, on les entassera dans des enclos de bois où elles coucheront pêle-mêle dans leur sueur et leurs déchets, on négligera leur féminité ou on en abusera, on attèlera sa femme à une voiture, jusqu'à ce qu'elle tombe, les yeux exorbités, sous le fouet. On livrera sa fille qui n'a pas encore connu les hommes, ni même leurs baisers, au désir grossier des soldats qui se la partageront avant leur départ au front.

Aucun père ne peut permettre cela. Il ne peut pas, après les avoir nourries d'illusions, les droguer pour les faire avancer et les précipiter dans le désespoir le plus inhumain. Mieux vaut la mort qui les attend de toute façon au terme de leurs souffrances. Mieux vaut mourir maintenant qu'après avoir été torturé. C'est aussi une fuite, il le sait maintenant, la seule fuite assurée, totale. Il a choisi le véritable suicide, au lieu du semblant de suicide qui le tentait jusque-là. Il cherche alors le moyen, l'arme. Il n'a pas de pistolet à la maison, on le lui a interdit depuis longtemps. Quant au poison, il faudrait qu'elles l'avalent toutes seules, ce qui est infaisable. Il s'enfonce dans le couloir et parvient à la cuisine. Il voit blanchir les premières lueurs de l'aube par la fenêtre sans volets derrière les voilages. Il distingue dans l'ombre profonde qui dissimule les coins de la pièce et se dissipe vers le centre trois énormes sacs à dos, posés sur trois chaises rangées côte à côte : eux trois, diminués de moitié, réduits à des colis, sans têtes, trois bosses pesantes et misérables. Les sacs ne sont pas encore noués sur le dessus, leur large bouche est béante. Il se demande pourquoi. Il n'a pas assisté aux derniers préparatifs hier soir, il n'avait pas le cœur de regarder les deux femmes se séparer du nécessaire. Il comprend soudain : il reste quelques paquets sur la table. Il s'approche, oubliant le tiroir à couteaux. Il ouvre un paquet et distingue des tranches d'escalopes roses dans la lumière blême. Un autre contient un quart de beurre. Un troisième des parts de fromage. Ce sont des choses fondantes et périssables que sa femme a l'intention de mettre au sommet des sacs, juste avant le départ, afin qu'elles tiennent plus longtemps. Ce souci pour sa vie, pour sa survie, le désarme avant même qu'il ait trouvé une arme. Il s'écroule sur une chaise vide et, le visage entre les mains, éclate en sanglots. Comment peut-il, lui, à la fois père et mari, interrompre leur soif de vivre, de ces mains tremblantes trempées de larmes, dans le sang et dans les cris ? Il se voit, mû par une volonté étrangère, brandir un poignard au-dessus de leur tête endormie, l'enfoncer dans la gorge de l'une et de l'autre, alternativement, tandis qu'elles roulent dans leur sang et se calment avec peine, peu à peu. Il secoue la tête comme un noyé tiré de l'eau. Oui, c'est bien ce qu'il devrait faire. Là-dessus résonne une sonnerie aigrelette. Le réveil. Il est trop tard ; elles vont se lever à présent, s'habiller et ils partiront tous les trois loin de ce cauchemar de la pire des nuits, dans le jour le pire, les pires des jours.

L'APPARTEMENT

ILS HABITAIENT tous les quatre un deux-pièces, cuisine, salle de bains – sans compter le garde-manger – dans un immeuble de l'État construit immédiatement après la guerre. Tchakovitch le trouvait suffisamment grand, sa médiocrité lui faisait même éprouver une certaine satisfaction car il était content de payer un loyer modique et de pouvoir en signaler le montant à ceux qui lui supposaient avec envie des revenus importants ; son exiguïté même lui procurait l'orgueil du sacrifice. Mais quand les enfants eurent grandi – que sa fille eut seize ans et son fils treize –, madame Tchakovitch fit remarquer à juste titre que ceux-ci ne pouvaient plus dormir ensemble dans la pièce qu'ils appelaient entre eux jusqu'à présent la chambre des enfants. Ils résolurent alors la question en se répartissant autrement : la femme de Tchakovitch et leur fille Yasna prirent la pièce du fond à côté de la salle de bains, tandis que Tchakovitch et le petit Milan s'installaient près de l'entrée. Cette nouvelle organisation entraîna la rupture quasi complète des rapports entre les deux époux, ce dont aucun ne se plaignit beaucoup, car ils ne s'entendaient plus depuis longtemps déjà. Cette séparation mit même au début de la bonne humeur dans la vie de la famille, car madame Tchakovitch pouvait à présent dorloter sa fille, une enfant maladive, sans subir les réflexions agacées de son mari, et celui-ci, plus à l'aise dans cette atmosphère purement masculine, se débarrassait avec soulagement de son masque d'inquiétude et de mécontentement. Si la fille s'étiolait, que le fils au moins soit élevé dans un climat sain et viril.

Il fut vite déçu. Milan, plutôt petit comme lui-même, brun, le visage étroit et figé, restait des heures entières vautré sur le lit à chantonner une interminable mélopée, en tirant de l'index le coin de sa bouche, puis il se levait brusquement et se précipitait dans la rue d'où montaient bientôt des cris, signes d'une bagarre. Tchakovitch tenta de le modérer, de concentrer son énergie sur l'effort et le travail ; il regardait ses livres et ses cahiers, exigeait que le lycéen lui rendît compte de ses devoirs, les fît tout de suite après le déjeuner, mais il ne rencontrait que refus ou dérobades. Il perdit alors patience et se mit à crier, ce qui acheva d'éloigner l'enfant ; après un ou deux mois de cohabitation, ils ne se parlaient déjà presque plus, toujours au bord de la querelle. Tchakovitch commença à fuir la maison. Dès que son fils entrait dans la pièce et se jetait sur son lit, il se levait du sien, l'air offensé, s'habillait et sortait en ville tuer le temps. Il n'avait pas de véritable distraction : depuis que, six ans plus tôt, on l'avait muté de l'inspection provinciale des finances à la Direction de la production du chanvre, il était presque sans travail et sans amis.

Ce déplacement représentait une dégradation d'autant plus cruelle et injustifiée que ce n'était pas la première. Tchakovitch avait commencé à travailler sitôt la guerre finie ; il était passé directement du détachement de partisans de Batchka au comité de district du parti où il devint responsable de l'agriculture. Il montra une décision et une persévérance exemplaires dans le rachat des surplus de nourriture, quand il fallut obliger les habitants de Batchka, accoutumés à l'abondance, à céder leurs réserves et même leur pain quotidien aux régions rocailleuses et affamées ; il participa ensuite avec autant de fermeté au mouvement de collectivisation des terres. Il se produisit un drame : son père, Milan Tchakovitch, que, dès son arrivée au village, il menaça de tuer de ses propres mains s'il ne donnait pas sa terre à la zadruga, se pendit le soir même dans son verger. L'événement eut un retentissement fâcheux dans tout le pays ; on aurait pu l'étouffer, si devant l'insatisfaction générale, les milieux gouvernementaux n'avaient conclu qu'il fallait interrompre toute cette action : Tchakovitch, coupable d'exagération, bien que coupable par ordre, se vit exclure du comité. Il devint fonctionnaire. Toutefois, comme on le savait victime non d'une désobéissance mais d'un retournement de situation, on lui permit d'avancer. Capable et dévoué, de percepteur il passa inspecteur financier, chargé de contrôler sur place la gestion des entreprises. Il voyageait beaucoup et cela lui plaisait, car le mouvement lui procurait un sentiment de vie et de progrès ; et chez lui, depuis que sa fille était tombée malade et que sa femme avait cessé de travailler, il ne savait plus très bien où se mettre. Cependant, la fonction publique se stabilisant et s'organisant, on insista davantage sur la spécialisation, dont Tchakovitch était à proprement parler dépourvu, puisqu'il n'avait guère été plus loin que le lycée. On nommait maintenant aux postes d'inspecteur des juristes et des économistes ; Tchakovitch fit peu à peu figure d'exception dont on tolérait le manque d'instruction en raison de son ancienneté dans le service. Rien n'y fit, pas même son expérience et son infatigabilité qui lui permettaient de flairer pour ainsi dire tous les comptes irréguliers et de faire plus de rapports en une mission qu'un inspecteur diplômé ; on l'invita à changer de poste ; par dépit et par orgueil il accepta la première chose qu'on lui proposa, une place à la direction de la production du chanvre.

Cette charge ne lui convenait guère. Elle l'humiliait et le paralysait comme une aumône. Elle était aussi légère qu'insignifiante, à l'image du service entier, créé pour contrôler les quelques dizaines de chanvriers de Batchka qui se débrouillaient fort bien tout seuls à l'aide d'un réseau de revendeurs dans les villages. Il n'y avait qu'à les surveiller, mais comme c'était également superflu, le nombre de fonctionnaires ne correspondait à rien et au fil des années, la Direction révoqua et supprima un par un, tantôt ici et tantôt là, vingt-sept de ses employés. Ils travaillaient dans une maison basse donnant sur trois rues, dont les pièces immenses à hauts plafonds résonnaient sous les pas qui faisaient ployer les vieux planchers ; il y avait un trafic intense de dossiers contenant les résultats de la production et des ventes des chanvrières. Une fois par semaine on se réunissait dans la salle des comptables, la plus grande de toutes ; là, on rendait compte de son travail au directeur, Yovan Tourinski, ancien attaché commercial à Bucarest, dégradé pour alcoolisme. Ils savaient tous qu'il eût été plus juste de parler d'oisiveté forcée, mais ils se contentaient de l'insinuer parfois sur le ton de la plaisanterie, en soupirant, du reste, sur leur triste sort de fonctionnaires qui les obligeait à passer ensemble huit heures par jour, dans l'attente d'une retraite plus ou moins lointaine.

Tchakovitch, en homme d'action et champion du progrès, résistait à cette hypocrisie usante et complaisante, mais comme il était le seul à résister et qu'il n'était soutenu par aucune responsabilité véritable, il sentait l'esprit de la maison l'engourdir et le désarmer peu à peu. Assis à une table surchargée de rapports qu'il fallait étudier pour en parler à la prochaine réunion, devant un directeur somnolant, il regarda, d'abord involontairement, par la fenêtre, le jardin touffu à l'abandon où ses collègues, au retour des lavabos, s'arrêtaient discuter le temps d'une cigarette ; il se demanda s'il avait passé trente années de foi et de persévérance pour finir dans ce cocon amollissant. Il pensa à son père, au même âge que lui aujourd'hui, à la rançon de son cocon à lui : la propriété. Il revit la scène terrible où il avait tiré son arme et dit en grinçant des dents : « Si tu ne donnes pas ta terre à la zadruga, je te tue avec ce pistolet » et le spectacle du matin suivant, quand on lui montra le vieux étendu sur le sol de la chambre, le visage tuméfié ; il comprit qu'il avait agi avec une impardonnable cruauté en exigeant d'un autre ce dont il n'était pas capable à présent. En s'apitoyant sur son propre sort, il commença à songer à la retraite, et il y fut encouragé par la nouvelle loi qui permettait aux anciens partisans de se retirer avant l'âge avec les mêmes avantages que s'ils avaient travaillé le temps normal – pour laisser la place aux gens instruits. Tchakovitch avait compris cette intention humiliante, qu'il refusait, mais il était en même temps tenté de se débarrasser une bonne fois de ce martyre par absence de travail, et de sombrer dans l'oisiveté totale, mais avouée et sans prétention. Il savait pourtant qu'il pouvait encore se rendre utile, il était robuste, avide de se dépenser, il voyait avec envie les chefs des chanvrières venir à la Direction en bottes crottées et canadiennes, sentant la sueur et le grand air, bruyants et conscients de leurs responsabilités. Lorsque l'un d'eux mourut dans un accident de voiture et libéra ainsi, inopinément, une place dans les environs de Glozani, Tchakovitch décida soudain de s'y faire muter et passa une nuit blanche à y réfléchir, à se réjouir d'avance du travail, du commandement, du mouvement, autant que du bon prétexte qu'il aurait pour quitter son foyer figé dans l'échec. Il alla voir Tourinski le lendemain et l'informa de son intention. Celui-ci s'étonna : « Alors vous ne prenez pas votre retraite ? Et la nouvelle loi ? » Tchakovitch répondit qu'il n'envisageait pas d'en profiter. « Mais vous n'y êtes pas, Branko », répliqua Tourinski en souriant d'un air absent et en portant sur son interlocuteur un regard embué ; « il ne s'agit pas de savoir si nous voulons en profiter ou pas, il s'agit de lui obéir, car elle est faite pour nous. » « Et vous allez lui obéir, vous, monsieur Tourinski ? » lui demanda Tchakovitch avec aigreur. Cette remarque arracha à Tourinski un sourire vague, grimaçant. « Mais bien sûr, si les camarades me le disent. » Puis un tressaillement méchant passa sur ses joues enflées et dans son regard vide. « N'oubliez tout de même pas que j'ai un diplôme d'économie, pas vous. » Tchakovitch se leva sans mot dire, quitta la pièce et dès le lendemain il s'occupait de réunir les documents et de demander sa mise en retraite immédiate.

Il ne parla à personne de cette décision, mais l'atmosphère autour de lui devait en être saturée puisque c'est justement un de ces jours-là que sa femme lui rappela la nécessités de déménager. « Tu ne vois donc pas que Yasnitsa souffre ? » dit-elle en le regardant avec une tristesse infinie qui l'irrita et le désarma à la fois. « La petite souffre de douleurs incessantes, comprends-le ! C'est le martyre ! Et si elle ne t'en parle pas elle-même, c'est seulement qu'elle sait qu'elle ne peut attendre de toi ni secours ni soutien. Mais moi qui suis sa mère, je sais et je dois savoir. » Il baissa la tête et se dit qu'elle lui faisait comme d'habitude une scène pour lui reprocher de ne pas assez aimer sa fille. Mais elle ne s'en tint pas là. « La petite a besoin d'une pièce pour elle seule, tu comprends ? Elle ne peut plus supporter que je sois là à m'agiter, à respirer, à lui prendre de l'air et de la place. Pourquoi ? » Il redressa la tête, prêt à lui démontrer que personne n'avait le droit d'exiger une protection absolue. « Pourquoi ? » rugit-elle et elle s'approcha, les yeux flamboyants, le bras tendu. « As-tu déjà senti des petites aiguilles se planter dans chacune de tes articulations ? As-tu déjà éprouvé des pincements jusque dans les moindres parcelles de ton corps ? » Le pouce et l'index pressés l'un contre l'autre, elle faisait convulsivement le geste de pincer, la main brandie. « La doctoresse me l'a dit elle-même avant-hier soir après la consultation. Votre fille est une martyre, a-t-elle dit, elle souffre jour et nuit. Vous devez faire tout ce qui est en votre pouvoir pour la soulager. » « Et alors ? » grimaça Tchakovitch comme s'il ressentait le pincement, la morsure. « Et alors tu n'as qu'à chercher un appartement plus grand comme je te l'ai déjà dit mille fois. Elle doit avoir la paix, puisqu'elle endure toutes ces peines. Elle est grande, elle y aurait droit même sans cela. C'est criminel de la tenir à l'étroit comme ça. »

Il ne promit rien, il décida même une fois de plus de ne pas tenir compte de cet ultimatum, mais la violence de la scène l'avait profondément marqué. Jamais sa femme n'avait troqué sa soumission contre une telle agressivité, elle ne l'avait jamais menacé physiquement, elle n'avait jamais été si près d'en venir aux coups. Il était furieux, il imaginait comment il l'aurait giflée si elle avait fait seulement un pas de plus et l'avait touché du bout de ses doigts réunis ; mais il fut en même temps saisi de terreur à l'idée d'une telle éventualité. Car toutes les défenses étaient alors renversées. Or, derrière elles, derrière le rempart du silence, il y avait tout ce qu'il refusait d'entendre mais qu'il connaissait si bien, les assauts de la douleur chez sa fille, ses fièvres, les courses dans sa chambre la nuit, dont il percevait l'écho dans son demi-sommeil, avec le crachotement de l'eau, la secousse des tiroirs, les murmures affolés de sa femme, « J'arrive, j'arrive », suivis des gémissements retenus, étranglés de l'enfant. De l'enfant prétendument malade par sa faute.

Car elle serait peut-être tombée malade autrement. C'était peut-être son destin, chacun a le sien. En fait, c'était arrivé quand Yasna avait cinq ans ; un matin qu'elle devait aller à la maternelle avec son frère, elle n'avait pas voulu se lever. « J'ai mal à la jambe », s'était-elle plainte en levant de l'oreiller sa tête blonde ébouriffée. Madame Tchakovitch avait cherché à localiser la douleur, elle avait tiré la couverture, tâtonné le long du tibia jusqu'à la cheville où la pression de ses doigts avait arraché un cri à Yasna. Elle était retournée voir son mari dans la chambre qu'ils partageaient encore, où il se préparait à partir travailler, à l'Inspection des finances en ce temps-là. Elle lui avait appris la mauvaise nouvelle : « Je la laisse au lit et je reste auprès d'elle ? » avait-elle proposé d'un air implorant, car elle se pliait encore à son sens très strict du devoir. « Rester auprès d'elle ? Et pourquoi resterais-tu ? Elle peut se garder toute seule », répondit-il. « Elle peut avoir besoin de quelque chose et sortir du lit en chemise de nuit : alors elle sera vraiment malade. » On était début octobre, ils ne chauffaient pas les chambres avant leur retour, à midi, et il savait qu'elle avait raison. Mais l'idée que sa femme, sous prétexte de garder la petite, allait passer toute la matinée à la cajoler tandis qu'il devrait expliquer à l'école pourquoi elle manquait et demander qu'on la remplaçât, la complexité de cette obligation inattendue l'avait exaspéré. « Ce n'est rien, tu n'as qu'à tirer mademoiselle du lit, l'habiller et la conduire en classe. Ce sont certainement des comédies. » Sa femme avait obéi à contrecœur, il avait fui l'appartement pour ne pas les entendre se disputer et quand il était rentré chez lui, la petite avait une forte fièvre et ne tenait plus sur ses jambes. Ils avaient appelé le médecin qui diagnostiqua une inflammation des articulations et prescrivit des comprimés et des piqûres, mais l'enfant ne guérit jamais complètement. Elle devint une petite invalide dont la croissance et la scolarité furent ralenties par des crises intermittentes qui la maintenaient au lit des semaines durant. Madame Tchakovitch, après avoir épuisé toutes les possibilités d'absence et de remplacement, finit par lasser la direction de son école et par donner sa démission pour se transformer totalement en infirmière, ce qui acheva de la rapprocher de sa fille et de l'éloigner de son mari.

Voilà qu'on attendait à présent de lui qu'il cédât encore d'un pas, et il hésitait. Il ne savait trop comment s'y prendre, il s'inquiétait des formalités fastidieuses, inséparables de la recherche d'un appartement, qu'il ne faisait que soupçonner, car son orgueil l'avait toujours empêché de se plaindre et de quémander. En même temps, il appréhendait le nouveau conflit qu'il sentait couver dans l'atmosphère confinée de l'appartement. Il n'y pénétrait plus qu'avec répugnance et cette crainte transformait l'image qu'il s'en faisait jusque-là ; à présent qu'il était chargé d'ondes empoisonnées, Tchakovitch le trouvait aussi petit et inconfortable que le lui décrivait sa femme. Il considérait également sa fille à la dérobée : blonde et ronde, jolie mais gonflée par les médicaments manquant de cette fraîcheur que donne seulement l'habitude du grand air, elle paraissait véritablement maladive. Elle n'avait pas d'amoureux, bien qu'elle eût déjà dix-huit ans ; il pensait que ce n'était pas dû uniquement à ses infirmités physiques et à l'irrégularité de ses sorties, mais peut-être aussi à la façon qu'elle avait de s'habiller, avec la complicité de sa mère. Elle était probablement promise à une éternelle adolescence, auprès de parents vieillissants qui demanderaient à leur tour des soins, et d'un frère indifférent qui, en grandissant, ne ferait que remplir l'appartement de nouvelles exigences et d'ennuis incessants. Ce furent pourtant des circonstances extérieures, connues de lui seul, qui lui firent changer d'avis : sa retraite prochaine et les fréquentes mutations des hauts fonctionnaires qu'il ne tenait pas à subir de nouveau. Tant qu'il était à la Direction du chanvre, il représentait encore quelqu'un qui, malgré tous les mensonges de sa situation, pouvait jouer un rôle, ce qui ne serait certes plus le cas dès qu'il en serait parti et dès que ceux qui se souvenaient de ses mérites quitteraient leur poste. Il se noierait alors dans la foule anonyme des retraités.

Il avait l'intention d'aller voir le maire dont le mandat durait déjà depuis longtemps et tirait vraisemblablement à sa fin : il s'agissait du frère cadet d'un ancien compagnon d'arme de Tchakovitch, Grouïa Milin.

Stanoïe, trop jeune à l'époque, n'avait pas participé directement au mouvement, mais l'héroïsme de sa famille lui avait permis de faire une carrière politique et Tchakovitch espérait le convaincre facilement de l'aider. Il avait en fin de compte lui-même provoqué une nouvelle explication avec sa femme pour s'assurer que cette démarche était bien nécessaire et montrer qu'il ne se soumettait pas sans résistance. « Comment va Yasnitsa en ce moment ? » demanda-t-il un après-midi qu'ils se trouvaient, exceptionnellement, seuls dans l'appartement et que l'humeur, après un bon déjeuner, semblait moins belliqueuse qu'à l'accoutumée. Sa femme lui répondit assez calmement, mais, pour appuyer ses paroles, elle tira les résultats des examens de Yasna du tiroir où elle les rangeait et lui expliqua un par un, jusqu'au moindre détail, les maux dont celle-ci se plaignait. Il l'interrompit enfin : « Oui, oui, je comprends. Du reste, j'ai décidé d'aller ces jours-ci à la mairie voir si je peux obtenir un appartement plus grand. » Il profita de la reconnaissance presque attendrie qu'il lut sur le visage de sa femme pour lui annoncer la seconde nouvelle qu'il lui avait tenue cachée. « Dès que ce sera réglé, je demanderai ma retraite ; elle est confortable maintenant qu'on nous reconnaît les années de guerre, et j'en ai assez de bâiller à cette direction fantôme. »

Il se rendit à la mairie un matin, pendant la pause, et se présenta dans l'antichambre du maire devant une jeune secrétaire à cheveux longs qui distribuait des journaux à des fonctionnaires bavards. Il faisait assez sérieux pour qu'elle l'annonçât sur-le-champ par téléphone. Elle l'introduisit dans la pièce voisine par une grande porte capitonnée dès qu'en sortirent des gens chargés de dossiers. Tchakovitch ne connaissait le maire que par la presse, qui reproduisait souvent sa photo ; celui-ci l'accueillit debout, il était corpulent, soigné, des lèvres boudeuses aux commissures tombantes – comme le défunt Grouïa –, brun, les cheveux raides qu'il laissait depuis peu pousser dans le cou et coiffait sur les oreilles en mèches gonflées, légèrement grisonnantes. La décoration de son bureau aussi était recherchée : fauteuils profonds, lourdes tentures grises encadrant de grandes fenêtres, vase de cristal plein de fleurs, cendrier de pierre orangeâtre. Tchakovitch, qui s'était toujours gardé de l'ostentation, même au temps de son pouvoir, examina tout ce luxe d'un air réprobateur et s'installa avec raideur dans le fauteuil qu'on lui offrait. Mais le maire passa aussitôt au tutoiement, bien que ce fût leur première rencontre, et commanda un café par téléphone. Il posa ensuite doucement ses mains sur les accoudoirs, où ses doigts gras se mirent à caresser la peluche, et invita Tchakovitch à lui exposer la raison de sa visite, ce qu'il fit, en s'interrompant un instant lorsqu'une serveuse accorte, en tablier de soie bleue, apporta le café. Milin se rembrunit et à la fin du récit passa pensivement la main dans son épaisse chevelure. « Ce que tu me demandes là », dit-il en le regardant gravement, « n'est pas à proprement parler de mon ressort. C'est à ton organisation de travail de t'attribuer un appartement. Où travailles-tu exactement ? » Tchakovitch nomma, non sans malaise, la Direction, et s'empressa d'ajouter, avec une moue décidée, qu'il n'y avait rien à en attendre, parce que les employés avaient tout ce qu'il leur fallait et qu'il ne voulait pour rien au monde faire exception en demandant un appartement. « Mm... oui », fit Milin d'une voix traînante ; il but son café d'un air soucieux et alluma une cigarette après en avoir offert une à Tchakovitch. « Il y a encore une solution : les appartements de cadres que la commune achète pour les fonctionnaires qu'elle désire retenir ou attirer. Nous en construisons en ce moment une dizaine à Détélinara et on pourrait peut-être y trouver un trois-pièces pour toi. » Il regarda Tchakovitch distraitement et soudain se décida. « Allons, voyons tout de suite. » Il allongea le bras jusqu'à son bureau et décrocha le téléphone pour indiquer à sa secrétaire le nom de l'employé qui devait lui apporter la liste des appartements en question. Puis il se tourna vers Tchakovitch avec une expression subitement dépourvue de toute solennité. « Il est vraiment curieux que nous nous rencontrions aujourd'hui, dans de telles circonstances. À une époque, Grouïa me parlait beaucoup de toi, tu sais ? » Et comme Tchakovitch haussait les sourcils d'un air étonné, il poursuivit avec un sourire mélancolique : « Oui, tu étais pour lui une sorte d'idole, autant que je me souvienne. Tu ne savais pas ? » « Non », avoua Tchakovitch. « Si, si », reprit le maire d'un ton convaincu, en posant à nouveau ses mains sur l'accoudoir de son fauteuil et en considérant son interlocuteur presque tendrement. « Il disait que tu étais un vrai bolchévique, notre Pavle Kortchagine. » Il eut un air de surprise amusée à ses propres paroles, qui lui fit relever le coin de ses lèvres tombantes. « C'était une grande époque, non ? » On frappa un coup à la porte et le sourire s'effaça pour faire place à l'attente. Un jeune homme déjà chauve, portant d'épaisses lunettes, entra, les bras chargés de papiers. « Avancez, Krasoïevitch », lui dit Milin. « Je vous présente le camarade Branko Tchakovitch, de la Direction du chanvre. » Il attendit que les deux inconnus se serrent la main puis proposa : « Voyons maintenant votre dossier. Avez-vous encore un trois-pièces libre ? » Ils déplièrent les documents ; Milin assis et Krasoïevitch debout y promenèrent leurs doigts en murmurant des noms, tandis que Tchakovitch, gêné, se détournait vers la fenêtre pour éviter de voir et d'entendre. « Mm... voui », fit enfin le maire, « ça pourrait aller », et il tapota la feuille de l'index. « Écris, Branko, s'il te plaît. » Et comme Tchakovitch tâtait en vain ses poches, il jeta un coup d'œil vers son bureau. « Tenez, là-bas, Krasoïevitch. » Celui-ci bondit et attrapa sur la table un bloc et un stylo ; Tchakovitch écrivit alors l'adresse que lui dictait le maire, le nom d'un bâtiment composé de lettres et de chiffres, l'étage et le numéro de l'appartement. « Vous pouvez disposer. » Milin tendit à Krasoïevitch les documents en désordre que celui-ci, en sortant, dut serrer sur sa maigre poitrine. Ils restèrent seuls. « Va voir cet appartement et dis-moi ce que tu en penses pour que nous régularisions cela. » Tchakovitch se leva et, ému de tant d'attention, murmura : « Merci, tu es vraiment un camarade, il n'y a pas à dire. » « Mais tu le mérites bien », répondit Milin gentiment, presque troublé. « Les amis de Grouïa sont mes amis, ne l'oublie pas ! » Il lui donna une grande poignée de main et le reconduisit jusqu'à la porte capitonnée.

L'après-midi même, Tchakovitch alla voir l'appartement avec sa femme. Ils partirent à pied, car c'était une belle journée de septembre. Madame Tchakovitch portait même un nouveau manteau, comme s'ils reprenaient les promenades communes, abandonnées depuis bien longtemps. Elle parla en chemin de la santé de Yasna ; les derniers contrôles médicaux avaient révélé que l'arthrite devait lui fatiguer le cœur, les cardiogrammes en donnaient des indices alarmants, mais la prévision d'un changement lui redonnait espoir ; elle pensait qu'un traitement entrepris à temps enrayerait ce nouveau danger. Plus tard, à la sortie de la ville, elle commença à sentir la fatigue, peut-être parce que dans leur impatience ils marchaient trop vite, ou qu'elle était trop chaudement vêtue. Quand ils arrivèrent à l'immeuble, sur un terrain vague bordé par une voie ferrée, elle regarda craintivement autour d'elle. « C'est tout de même un peu loin, tu ne trouves pas ? Comment fera Yasna pour aller à l'école ? » « Elle prendra l'autobus, comme tout le monde », rétorqua Tchakovitch.

Ils se faufilèrent entre un tas de sable et des tonneaux vides renversés, trouvèrent l'entrée et pénétrèrent dans la pénombre de la construction où ils tombèrent brusquement sur le gardien, vieillard hirsute qui mâchonnait quelque chose. Il devait être habitué à de telles visites, car il leur demanda simplement quel appartement ils désiraient voir, avant de les faire monter par un escalier couvert de sable et de plâtre. Le numéro 23 se trouvait au troisième étage, la porte était grande ouverte, les murs déjà peints, le parquet jaune fraîchement posé, mais il n'y avait encore que l'encadrement des fenêtres. Tchakovitch s'arrêta devant la première ouverture et se perdit dans la contemplation du terrain sablonneux derrière lequel on distinguait la ligne sombre de la voie ferrée. Le gardien l'invita ensuite à entrer dans la seconde pièce et lui montra la terrasse qui donnait du même côté. Ils sortirent tous et respirèrent profondément. La femme de Tchakovitch s'émerveilla de la beauté du ciel immense qui s'empourprait déjà à l'horizon ; ils vantèrent les mérites de l'air pur, non pollué par la fumée, évaluèrent les chances de voir se boiser l'espace entre les maisons, puis ils retournèrent à l'intérieur. Il y avait trois pièces, certes, mais elles étaient petites, plus petites même que dans leur appartement actuel, et madame Tchakovitch était très inquiète de ne pas trouver le garde-manger. « Aujourd'hui, on met la nourriture au réfrigérateur », intervint le gardien avec désinvolture et Tchakovitch le soutint, d'un air peu convaincu. Ils parlèrent encore de la fin des travaux ; le gardien leur apprit que le délai était passé depuis longtemps par la faute des électriciens, mais que le retard serait rattrapé d'ici un mois, puis ils s'en allèrent.

Ils prirent l'autobus au terminus qu'ils trouvèrent à une certaine distance de l'immeuble. De retour à la maison, pressée de questions curieuses par Yasna, madame Tchakovitch répondit dans un soupir presque désespéré : « L'appartement n'est pas mal, mais il est terriblement loin. »

Tchakovitch l'entendit de la chambre voisine, dont la porte était pour une fois demeurée entrouverte en signe de rapprochement pour leur projet commun, tandis qu'il ôtait ses chaussures et mettait ses pantoufles. Il s'arrêta et resta quelques instants en attente, assis sur le bord du lit. Il écouta sa femme décrire le coin perdu où ils étaient allés. « Il n'y a même pas d'autobus, il faut faire la route à pied », disait-elle. Il faillit leur crier que la ligne d'autobus serait certainement prolongée jusqu'aux nouveaux immeubles, mais il sentit que son irritation dépassait de beaucoup ce petit désaccord. Il était surtout furieux qu'elle parlât de l'appartement comme d'un choix – le sien principalement – qu'elle était libre de faire à sa guise, sans tenir compte – comme si elle oubliait – que c'était lui qui avait obtenu cette possibilité de choisir, en sacrifiant son honneur, en exposant sa réputation, en jouant d'un coup le sens de sa vie entière. Il était flatté que le maire lui eût répondu aussi vite, mais il était tout de même blessé au vif : il se rappelait l'attente dans l'antichambre, son salut, ses sourires, son explication, ses remerciements anxieux et humbles ; il se rappelait le luxe chaud du bureau qui reçoit et qui donne, qui prend les décisions, qui attire les quémandeurs pleins d'espoir – un bureau si différent du sien, dont personne n'escomptait plus rien ; il se rappelait ses impressions qui se précisaient à présent cruellement : il eût beaucoup mieux valu que la situation fût inversée et qu'il siégeât à ce poste de responsabilité, plutôt que Stanoïe Milin, encore inexpérimenté. Il avait refoulé cette idée, il l'avait ravalée par amour pour sa femme et sa fille, par respect de leurs désirs, et voilà qu'elles transformaient son sacrifice en un mouvement d'humeur imprévu, sorti d'on ne sait où, comme la vieille pantoufle qu'il tenait à la main sans parvenir à décider s'il allait l'enfiler.

L'incompréhension était totale et contenait le fond de la mésentente des deux époux. Le mariage avait été pour Tchakovitch l'apogée de son enthousiasme pour le nouvel ordre de l'après-guerre, qu'il avait créé contre vents et marées, tandis qu'elle s'en était éloignée presque aussitôt. Elle l'avait séduit par sa douceur – une douceur soumise de grosse fille ; elle venait de finir ses études d'institutrice et d'être envoyée à la campagne, là où il combattait pour instituer de nouveaux rapports sociaux fondés sur le travail et la justice – et la promptitude avec laquelle elle avait accepté de l'épouser lui laissa croire qu'elle partageait son exaltation. Mais, une fois les premières épreuves passées – chambres sous-louées (dans des villages où ils vivaient séparés et ne se retrouvaient que poussiéreux et gelés), travail pénible, disgrâce politique et son renvoi à Novi Sad, où il la fit venir après lui avoir trouvé emploi et appartement –, elle changea d'attitude. Le retour à la ville, à son véritable milieu, puisque son père était fonctionnaire à Vrbasi, balaya toute trace de son ancien dévouement, qui s'avéra donc mensonger, et la réinstalla dans sa petite vie douillette. Elle négligea son métier, se borna au travail obligatoire pour lequel elle était payée : elle ne rentrait chez elle que fatiguée et insatisfaite ; elle se plaignait des réunions et des responsabilités tout en passant le plus clair de son temps à embellir son appartement et sa personne, à se pommader, à essayer des toilettes chez la couturière des après-midi durant, à suspendre aux fenêtres dentelles et volants, à s'affairer aux fourneaux, à lire avec passion les illustrés dont les kiosques de la ville abondaient. À la naissance des enfants, elle se trouvait déjà déchirée entre la douceur de ses nouvelles habitudes et la fatigue de ses obligations, aggravée bien sûr par la maternité ; elle criait et s'agitait, oubliait tout, et quand Yasna tomba malade, elle abandonna le reste pour s'y consacrer exclusivement. Pour se consacrer à sa fille et à elle-même, avait conclu Tchakovitch en la voyant se retirer avec un sombre plaisir dans une demi-somnolence, dans un état végétatif proche de l'inconscience, limité aux soucis de santé et de confort. Elle n'était pas prête à partager ses aspirations, ses conceptions plus austères, plus intransigeantes de la vie. Ils s'éloignèrent, trouvant toujours moins de raisons de s'entendre, d'autant que leurs discussions tournaient immédiatement à la querelle ; ils se limitèrent ainsi progressivement à une entente tacite et aux rapports les plus élémentaires, de plus en plus rares du reste. Tchakovitch considérait sa femme depuis longtemps comme une étrangère, qu'il tolérait cependant à cause du foyer et de la famille qu'ils avaient créés ensemble, et qui lui donnaient des responsabilités envers elle.

Il prit leur conflit concernant l'appartement comme une raison de s'enfoncer encore davantage dans sa mauvaise humeur et se mura même quelques jours dans un silence offensé. Mais ils ne pouvaient éviter le sujet très longtemps ; ils l'avaient déjà abordé, puisque Tchakovitch lui-même avait fini par admettre que c'était le moment ou jamais de déménager et qu'il avait exposé son désir au maire, dont il avait obtenu une offre. Il s'agissait maintenant de répondre à cette offre, cela devenait urgent. Quand il se fut calmé, il en reparla à sa femme. « Écoute », dit-il un jour qu'elle traversait sa chambre pour aller dans l'autre pièce, les bras chargés de linge propre, celui de Yasna, il le savait. « Alors, qu'est-ce que je dois répondre au maire : nous prenons cet appartement ou pas ? » Elle s'arrêta avec son fardeau et le regarda d'un air vague : « Je ne sais pas, c'est loin. S'il y avait le même appartement au centre... »

« Mais il n'est pas au centre », coupa-t-il, « au centre on ne construit pas ». « Il n'y a qu'à s'en occuper un peu ! » Et elle se précipita vers la porte en s'excusant :

« Mon fer chauffe et Yasnitsa attend pour s'habiller. »

Furieux de son indécision soudaine, de sa quasi-indifférence, il était pourtant désarmé, obligé de rester calme lui aussi ; il était en outre tourmenté par un nouveau doute : construisait-on réellement de nouveaux immeubles dans le centre ? Il n'en connaissait aucun, car jusque-là il n'y prêtait guère attention, mais en se remémorant ses longues fugues, il eut le sentiment qu'il y avait des maisons en construction çà et là dans la vieille ville ; il lui semblait même avoir vu, tout près de son appartement actuel, un immeuble isolé, tout en hauteur au milieu des maisons basses ou à un étage déjà renversées ; il n'avait pas jugé utile de s'en souvenir, encore moins de demander s'il s'agissait d'un bâtiment d'habitation. Il pensa qu'il pourrait réparer cette négligence, mais il fut aussitôt rebuté par les démarches qu'entraînait une telle décision : entrer clandestinement en pourparlers avec les gardiens parmi les sacs de ciment et les tas de briques, les tromper à moitié. Sa droiture naturelle l'incitait plutôt à retourner à la mairie, où il pourrait s'expliquer franchement. Cependant, pour éviter de déranger le maire sans suggestion sérieuse, il imagina de s'adresser d'abord au fonctionnaire chargé des appartements de cadres et dont il se rappelait par bonheur le nom. Il partit à sa recherche et le trouva au deuxième étage du bâtiment, au terme d'une enquête où il apprit qu'il n'était pas gratte-papier ou technicien, mais chef d'une section d'organisation. Il lui annonça tout de go ses nouvelles intentions. « Dans le centre ? » Krasoïevitch serra ses fines lèvres crevassées, au-dessus de la table aux dossiers bien rangés ; il avait l'air moins gauche et moins docile que la première fois. « On construit dans le centre, c'est vrai, mais peu. Vous habitez rue Maïevitchka, n'est-ce pas ? Eh bien, juste derrière chez vous, rue des Brigades-de-Voïvodine, nous construisons un immeuble de cinq étages. Le maire va y prendre un appartement. » Tchakovitch réfléchit. Il se souvenait en effet d'avoir vu un chantier deux rues plus loin en allant vers le parc, et prit rapidement congé. Sur le chemin du retour, il fit un léger crochet pour aller vers le bâtiment, qui était à peine moins avancé que celui qu'il avait visité à Détélinara avec sa femme, mais un peu plus spacieux, plus solide, avec de longs balcons à toutes les fenêtres et déjà couvert d'un toit plat. « Ce serait vraiment bien », pensa-t-il, pardonnant soudain l'entêtement de sa femme.

Surmontant sa répugnance, il retourna chez le maire deux jours plus tard, qui le reçut et l'installa dans un fauteuil. Mais, dès qu'il suggéra la solution de la rue des Brigades-de-Voïvodine, Milin se rembrunit. « Ce n'est pas pour toi », répondit-il sans hésiter ; « ces appartements sont bien trop chers. » Tchakovitch, qui n'avait pas oublié la remarque de Krasoïevitch, faillit répliquer : « Et pour toi ? Pour toi ils ne sont pas trop chers ? », mais il se souvint au dernier moment que c'était une réflexion du même genre à l'adresse de Tourinski qui l'avait amené à prendre sa retraite anticipée ; il se contenta donc de remarquer : « Mais j'ai justement entendu dire que des gens de la mairie allaient y habiter. »

Le maire eut l'air embarrassé. « Oui ? Je ne suis pas au courant. » Puis il se ressaisit et ajouta avec une feinte assurance : « De toute façon il n'y a plus d'appartements libres, là-dedans. » Ils se mesurèrent quelques instants du regard. Tchakovitch voyait à l'expression tendue de son interlocuteur que celui-ci mentait, mais il sentait plus clairement que jamais qu'il n'avait pas le droit de le lui faire remarquer, d'autant qu'il était cette fois-ci demandeur, qu'il n'avait aucun droit, puisqu'il cherchait lui-même à faire exception. Il s'était mis dans une situation à laquelle il s'était toujours refusé et cela l'irritait. Il se prépara à se lever et à partir. Milin remarqua son intention à la légère crispation de ses muscles ; il se pencha et posa la main sur l'accoudoir de Tchakovitch. « Attends, mon vieux ; réfléchissons calmement. » Il se radoucit et lui jeta un regard presque suppliant. « Tu dis que Détélinara est trop loin. Tu as peut-être raison, ça ne convient pas du tout pour une malade. Mais je veux t'aider, mon cher, je t'assure ! » s'écria-t-il, soudain ému de sa propre bonne volonté, puis il réfléchit un instant. « Tiens, j'ai une idée, il y a un appartement dans le centre, un trois-pièces, habité par une femme professeur en retraite ; seule, elle n'a pas droit à tant. Nous avons offert l'appartement au président du tribunal, mais il a refusé ; tu comprends, il ne peut vraiment pas accepter, car nous avons eu un procès avec la vieille. Mais pour toi, ce serait idéal. Si, si, on dirait que c'est fait pour toi, je t'assure. » Et sa main chaude serra plus fort celle de Tchakovitch. « Bon, maintenant je vais régler cette affaire. » Il se leva beaucoup plus vivement qu'à l'accoutumée, s'approcha du téléphone et composa un numéro. « Krasoïevitch, donnez-moi donc l'adresse de cet appartement pour lequel nous sommes en procès ! Ah ! Écris ! » fit-il à Tchakovitch qui n'avait toujours pas de stylo sur lui, si bien que, devant son embarras, il nota lui-même quelque chose sur son bloc. Il raccrocha et tendit le papier à Tchakovitch. « Va voir là-bas. Cela te conviendra certainement. » Et il l'accompagna jusqu'à la porte avec un soupir de soulagement.

L'adresse indiquait le Vieux-Boulevard, que l'on voyait de la mairie, et Tchakovitch se dirigea aussitôt de ce côté. Cette large artère toute droite, nette et généreuse, qui reliait les rues sinueuses du centre au Danube, formait le décor de tous ses souvenirs importants ; c'était d'ailleurs sans doute le cas de milliers de gens élevés à Novi Sad ou qui, comme lui, y avaient passé leur jeunesse. Chemin ensoleillé de la baignade les jours d'été, terrasse des pâtisseries et des cafés d'étudiants les beaux après-midi, et le soir, promenade obligatoire, grouillante de filles, c'était tout cela, dessiné par une double rangée de belles maisons cossues à deux ou trois étages construites avant-guerre par une bourgeoisie florissante. Il y avait là le long bâtiment immaculé de l'ancien gouvernement devenu après la guerre siège du conseil exécutif ; il y avait aussi les banques et les compagnies d'assurances, les agences de voyages, beaucoup de cabinets de médecins et des bureaux d'avocats. À l'époque de leur prospérité, Branko Tchakovitch, lycéen, tout juste arrivé de son village, n'y avait pas accès, mais il en gardait un souvenir sinistre, car c'est là qu'il avait connu, quelques années plus tard, l'expérience décisive de sa jeunesse, et peut-être de sa vie entière. Ces immeubles abritaient pendant la guerre les bureaux des forces d'occupation ennemies. Il y avait un jour accompagné Grouïa Milin, convoqué au bâtiment du gouvernement, et l'avait attendu devant la porte. Quand il en avait eu assez, il avait pénétré dans l'immeuble, cherché le bureau dont son camarade lui avait donné le numéro, et était parvenu dans le couloir du premier étage au moment précis où Grouïa était emmené entre deux policiers, les mains liées et les cheveux en désordre. Tchakovitch avait fait demi-tour et était sorti en vitesse ; il n'était plus retourné à son appartement d'étudiant, avait averti ses amis les plus proches du danger, avait cherché une liaison avec le détachement de Batchka-Baragne et s'était engagé dans ses rangs.

Il sentait encore le souffle de cet instant où Grouïa Milin – justement lui – avait été pris et jeté en prison avant d'être envoyé dans un camp où il était mort de faim et de mauvais traitements ; cet instant qui avait éveillé en lui des idées jusque-là imprécises ; il ne pouvait penser à cette aventure sans se défaire tout à fait du sentiment d'exclusion qui l'avait oppressé ici des années durant, mais il était mêlé au plaisir de la victoire. Jamais, aujourd'hui non plus, cela n'avait été pour lui une rue ordinaire, bien qu'elle eût toujours, et aujourd'hui encore, été habitée par des gens ordinaires, des familles banales, et il était troublé à l'idée d'emménager bientôt parmi elles, de s'installer dans cet endroit marqué par la nostalgie et l'horreur de sa jeunesse. Il changea d'avis et, au lieu de se contenter de jeter un coup d'œil sur la maison qu'on lui proposait et de revenir ensuite visiter l'appartement avec sa femme – pour qu'elle ne trouve pas moyen de lui faire encore des reproches, on ne sait jamais –, il entra dans l'immeuble de trois étages qui portait le numéro inscrit sur le bloc du maire, le frère de Grouïa Milin.

La maison avait un large porche voûté, par lequel on apercevait une cour profonde, herbue, bordée, au fond, d'un mur couvert de plantes grimpantes ; on accédait aux appartements par un escalier de marbre, spacieux, avec une rampe de fer forgé. Tout ceci était solide, opulent ; même les murs qui n'avaient pas été blanchis depuis longtemps et les portes mal repeintes laissaient transparaître leur ancien éclat sous les traces de décrépitude. Il s'arrêta au deuxième étage devant la porte numéro cinq et lut le nom gravé près de la sonnette : Wilma Sündholz. Il tressaillit : c'était le nom d'un de ses professeurs au lycée, ce ne pouvait être qu'elle car il était impossible qu'une autre personne porte un nom et un prénom aussi inhabituels. Le trouble mêlé de curiosité qui l'avait saisi dans la rue tandis qu'il pénétrait dans cette maison et l'examinait le reprit aussitôt ; il redoubla, même, car cette nouvelle coïncidence allait dans le même sens. Wilma Sündholz était en effet elle aussi liée à cet incident crucial, bien qu'à l'époque elle n'habitât pas cette maison, mais un rez-de-chaussée près de l'ancienne gare, où Tchakovitch et Grouïa Milin allaient la voir. Ils prenaient chez elle des cours de hongrois et d'allemand, Grouïa Milin, Blagoïe Soudarski, Panta Radivoïev et lui, tous quatre originaires de la campagne et tous quatre renvoyés depuis peu du *Magyar kiralyi szerbtannyelvü gimnazium*, unique lycée de la Batchka occupée où l'enseignement se fît en langue serbe. Ils avaient été renvoyés pour un motif plutôt innocent : leur absence répétée à l'entraînement militaire obligatoire ; en réalité on les soupçonnait, à juste titre, d'être des meneurs, responsables du vent de révolte qui soufflait dans la classe et que le directeur espérait arrêter ainsi. Les quatre conspirateurs se trouvèrent donc du jour au lendemain à la porte de l'école, ce qui revenait à dire hors-la-loi, car si l'on avait appris dans leur village qu'ils n'étaient plus sous la protection d'un établissement scolaire, ils étaient bons pour les travaux forcés en Ukraine. Aucun d'entre eux ne s'était donc résolu à rentrer chez lui, mais, sous prétexte de terminer l'année en privé, ils étaient restés dans leur chambre meublée, oisifs et indécis, partagés entre des velléités de s'engager chez les partisans et un désespoir brouillon. C'est alors que Wilma Sündholz, leur professeur de hongrois, une Hongroise mais d'origine allemande, si bien qu'elle parlait parfaitement les deux langues, comme du reste aussi le serbe, leur offrit de venir prendre des cours gratuits dans les deux matières principales de leur examen de fin d'année. C'était une vieille fille à laquelle, jusque-là, ils ne prêtaient guère attention que pour se moquer de son allure bizarre, efflanquée et poussiéreuse. Ils restèrent confondus devant sa proposition, car la classe était bien le dernier de leurs soucis, mais ils acceptèrent, sentant dans cette offre la dernière trace de protection légale. Ils allaient ensemble chez Wilma Sündholz une heure par jour et travaillaient comme à l'école. C'est-à-dire qu'ils travaillaient mal, paresseusement, ils étaient mauvais élèves, marqués par leur enfance paysanne inculte, qu'ils cherchaient à compenser en profitant de la guerre pour se jeter à corps perdu dans la révolte. Ils aimaient pourtant aller chez elle. Cela changeait des longues matinées et des après-midi interminables qu'ils passaient dans des chambres glaciales en discussions fiévreuses et en conspirations dangereuses, à la fois inoccupés et agités de sombres pressentiments. Ils étaient assurés, au moins tant qu'ils étaient là, dans l'appartement chaud et spacieux de la vieille fille, aux murs tapissés de livres, d'échapper au froid et aux dangers qui les guettaient de l'autre côté de la porte. Ils se sentaient protégés par cette femme de quarante ans qui, avec un acharnement incompréhensible, luttait contre l'injustice et marchait résolument à contre-courant, puisqu'elle considérait visiblement qu'ils méritaient d'être défendus dans leurs droits d'écoliers et de citoyens. Quand l'illusion fut tombée et que Grouïa Milin fut pris par ruse sous les yeux de Tchakovitch, c'est chez mademoiselle Sündholz qu'il se rendit tout droit pour avertir les autres de fuir, comme lui, où ils pouvaient. Elle avait transmis le message puisqu'ils n'avaient pas été arrêtés.

Et voilà qu'il se trouvait à nouveau devant sa porte – pas la même, certes, mais il y avait le même nom inscrit près de la sonnette –, et dans quel but ? Pour la chasser de son appartement et se mettre à sa place ! C'était si monstrueux qu'il avait instinctivement reculé sur le seuil, et avait tourné les talons, presque décidé à partir sans se montrer. Il réfléchit pourtant un instant, là, sur le vaste palier de marbre. Il n'était pas de ceux qui évitent les conflits après les avoir provoqués ; il était l'homme des situations nettes et des explications. En plus, il avait tant de fois souhaité retrouver son ancien professeur pour que celle-ci lui explique sa noble attitude, qui, même après toutes ces années, demeurait pour lui un mystère. Mais il n'était jamais parvenu à la retrouver. Il s'était probablement mal renseigné, ou insuffisamment, auprès de gens aussi négligents que lui. Maintenant que le hasard l'avait conduit jusqu'à sa porte, il serait déshonorant et lâche de partir.

Il revint donc sur ses pas, respira un bon coup pour se donner du courage dans des circonstances qui s'annonçaient vraiment désagréables, alors qu'il avait si longtemps espéré le contraire, et appuya sur la sonnette. Après une courte attente, Wilma Sündholz vint elle-même ouvrir. Il la reconnut immédiatement ; elle n'avait presque pas changé. Ses cheveux n'avaient pas blanchi. Même silhouette frêle, même visage étroit aux yeux ronds, bruns, curieux derrière leurs lunettes, mêmes lèvres fines, habituées à sourire. Elle entrouvrit la porte sans ôter la chaîne qui se tendit devant sa poitrine étroite et plate, mais toute sa personne tenait dans l'entrebâillement.

« Qui demandez-vous ? »

« Vous ! » s'écria Tchakovitch étrangement fort et il esquissa un sourire joyeux, inattendu lui aussi, car dès qu'il la vit, il oublia les difficultés de la situation. « Vous ne me reconnaissez pas ? Je suis Tchakovitch, Branko Tchakovitch, votre ancien élève, à qui vous donniez des cours gratuits ! »

Son sourire s'élargit, découvrant des dents régulières, probablement fausses, et elle dit, sans paraître surprise : « Ah, c'est vous », sa main fine se leva et la chaîne tomba avec un cliquetis. « Entrez. »

Il pénétra d'abord dans l'entrée, puis dans une pièce, grande, ensoleillée, dont les fenêtres donnaient en plein sur le boulevard éclairé par la blancheur du bâtiment du gouvernement. Au milieu de la pièce, il y avait une table basse entourée de vieux fauteuils affaissés ; tout autour, des rayonnages chargés de livres et de tableaux. Il ne reconnut aucun objet précis, mais retrouva l'ancienne impression de paix et de bien-être.

« Asseyez-vous. »

Il s'assit et demanda en s'inclinant au professeur comment elle se portait. Elle répondit qu'elle allait bien, dans l'ensemble, qu'elle était à la retraite depuis cinq ans, mais qu'elle continuait à travailler un peu ; elle donnait des cours de langues aux enfants.

« Pas comme à nous, j'espère, au nez de tout le lycée, malgré notre renvoi ? » plaisanta Tchakovitch.

« C'était une autre époque », répliqua-t-elle, et son sourire se figea.

« Une époque bien cruelle », ajouta Tchakovitch sérieusement, « et vous étiez assez bonne pour nous aider. »

« J'étais en état de le faire. » Elle eut un geste vague. « Et j'ai fait le peu que je pouvais. Et vous ? » Elle passait aux questions, lui retirant ainsi toute possibilité de la remercier davantage et d'élucider ce qui restait inexplicable dans son geste d'autrefois. « Qu'est-ce que vous devenez ? Vous êtes marié ? »

Tchakovitch répondit qu'il l'était, depuis longtemps, qu'il avait deux enfants, ce qui lui rappela le but véritable de sa visite.

« Mes enfants sont grands, et moi je me prépare doucement à prendre ma retraite. Seulement, je n'ai pas d'appartement convenable. Le mien n'a que deux pièces, il est trop petit. À dire vrai, je suis ici pour voir le vôtre, car la mairie me l'a proposé en échange. Je ne me doutais pas qu'il s'agissait de vous. »

« Mon appartement ? » s'étonna Wilma Sündholz.

« Oui, celui-ci. Je crois que vous avez trois pièces, non ? Et vous vivez seule. »

« Oui, je vis seule », reconnut-elle. « Mais seulement depuis juin, depuis que ma jeune sœur est morte. Nous avons vécu ensemble quinze ans, après que l'on nous a chassées de nos appartements respectifs pour nous mettre ici. C'est notre appartement de famille. Mon appartement de famille. »

« On m'a dit que vous étiez en procès avec la commune et que celle-ci a obtenu gain de cause. »

« C'est moi qui ai porté plainte. »

« Vous pensiez gagner contre elle ? »

Elle haussa ses épaules étroites sans se départir totalement de son éternel sourire. Ils se taisaient tous deux. Tchakovitch sentait que c'était le moment de lui expliquer qu'elle devait renoncer à cet appartement trop grand pour elle seule, trop difficile à entretenir, et qui provoquait en outre le mécontentement des autorités. Des mots se pressèrent dans sa tête, des mots raisonnables, des mots de circonstance, mais il ne les prononça pas. Il était frappé par l'obstination qui émanait d'elle. Ce sourire figé lui rappelait l'époque où il s'adressait à l'élève en détresse et pouvait, seul, lui redonner confiance. Ce sourire le désarmait.

« Dommage », dit-il en regardant encore autour de lui. « Votre appartement est vraiment beau ; il m'aurait certainement convenu. »

« Oui », acquiesça-t-elle en se tournant aussi. « Il est agréable, spacieux, ensoleillé. Vous voulez voir les autres pièces ? »

Il tressaillit à l'idée qu'elle se moquait de lui. Mais il ne lut sur son visage qu'une sollicitude vaniteuse de maîtresse de maison.

« Très volontiers », murmura-t-il.

Ils se levèrent et elle le conduisit dans les deux autres pièces, aussi grandes et claires que la première, donnant sur le boulevard, pleines de meubles sur lesquels se trouvaient pêle-mêle des vêtements et des bibelots.

« Je viens de sortir des choses à distribuer à ma famille. » Elle désigna le désordre d'un geste large. « Ensuite, je ferai de nouveaux aménagements. »

« Oui, ça peut être très bien arrangé ici », répondit-il comme s'il approuvait, alors qu'à la vue de cette profusion d'objets superflus, il eût plutôt voulu essayer encore une fois de la raisonner. « Ne vaudrait-il pas mieux », reprit-il prudemment, presque suppliant, « vendre une partie du mobilier et vous installer dans quelque chose de plus petit, de plus commode ?... »

Elle répondit d'une voix calme mais inébranlable : « Je suis attachée à ces meubles, ce sont des affaires de famille. Je ne pourrais pas m'en séparer. »

« Alors, tant pis », conclut-il. « Nous verrons. C'est eux qui décideront. »

« Oui », admit-elle avec un léger soupir. Elle retraversa les pièces en sens inverse et le précéda dans l'entrée, considérant visiblement que la visite était terminée. Il ne lui restait qu'à s'incliner, à lui répéter combien il était heureux de l'avoir revue et à s'en aller.

Il s'arrêta dans la rue, stupéfait. Il ressentait encore le plaisir d'avoir revu son professeur et d'avoir retrouvé l'impression de paix qui l'entourait, mais sa joie était gâchée par la conscience d'avoir mal défendu l'objet de sa visite. En plus de quoi, son projet était menacé par cette rencontre même, par ce plaisir qui gonflait encore sa poitrine. Que faire ? Comment se sortir de là ? Il était pris dans une situation inextricablement confuse dont il ne parviendrait jamais à se dégager, lui semblait-il. Il regarda autour de lui le boulevard, les magasins, les inscriptions familières, et il se dit qu'il se trouvait de nouveau placé devant un choix qui allait déterminer sa vie entière, et même donner un sens à tout ce qu'il avait vécu jusqu'ici. Valait-il mieux tout abandonner, comme si de rien n'était ? Ou bien persévérer, envers et contre tout, en suivant *son* droit ? Il comprenait qu'il ne fallait pas brusquer les choses, mais il voyait en même temps qu'il s'était aventuré sur une voie glissante qui l'entraînait malgré lui vers un dénouement inadmissible. Il devait agir, il devait rechercher la source de l'erreur qu'il discernait ; il regarda sa montre et, constatant presque avec humeur qu'il restait encore dix minutes avant l'heure de fermeture des bureaux, il se dirigea lentement vers la mairie.

Dans l'antichambre du maire, la secrétaire à cheveux longs avait posé son sac de cuir, sur la table, devant elle, et y rangeait déjà son peigne et un livre qu'elle sortait d'un tiroir. Elle s'étonna du retour imprévu de Tchakovitch, mais admit que Milin était toujours dans son bureau. « Mais il n'est pas seul », précisa-t-elle avec une sévérité ambiguë. « Je crois que ce n'est pas la peine que vous l'attendiez. Revenez plutôt demain. » Il déclara qu'il préférait tout de même attendre, car il n'avait qu'un mot à dire, mais c'était urgent.

La secrétaire haussa les épaules et continua ses préparatifs. Elle ferma les tiroirs à clef, regarda l'heure, croisa les bras sur sa poitrine couverte d'un léger corsage, ouvrit encore une fois son sac, en sortit un miroir et se passa vigoureusement la langue sur les lèvres, tandis que Tchakovitch, assis dans un coin, se détournait pour regarder par la fenêtre. Enfin elle se leva, enfila son manteau et annonça : « Je m'en vais, à présent », l'invitant ainsi indirectement à suivre son exemple. Il profita de son irrésolution pour ne pas bouger de sa place. Elle leva l'épaule qui portait le sac de cuir et se dirigea d'un pas vif vers la porte capitonnée. Elle frappa un coup, puis deux, et ouvrit. Un brouhaha s'échappa de la pièce, mêlé d'un rire léger, détendu, qui se calma instantanément. « Je m'en vais, camarade Milin », dit elle par la porte entrebâillée, puis elle recula et la referma. Elle salua Tchakovitch d'un signe de tête et sortit.

Il se demanda pourquoi elle n'avait pas signalé sa présence ; c'était peut-être par respect pour le maire, pour éviter d'interrompre sa conversation, ou peut-être par considération pour lui, Tchakovitch, qui ne lui avait pas demandé d'intervenir. Mais ces égards, auxquels il était ordinairement sensible, le laissèrent indifférent, car l'entretien qui se préparait était autrement important.

Il regardait tantôt par la fenêtre (maintenant c'était vraiment pour s'occuper), tantôt sa montre dont les aiguilles s'écartaient de plus en plus du point indiquant la fin de la journée. Le téléphone sonna mais il ne décrocha pas. Il commençait à distinguer, dans le silence de la pièce, les voix provenant de la salle voisine, étouffées par le mur, comme un frottement d'objets secs et rugueux. Conférence en petit comité ? Réunion de parti qui commence ? Il regrettait à présent de ne pas avoir prié la secrétaire d'appeler Milin, mais maintenant il lui semblait à la fois indiscret et humiliant d'entrer seul, sans être annoncé ; il ne bougea donc pas. Là-dessus, la porte de l'antichambre s'ouvrit brusquement pour laisser passer la jolie serveuse en tablier bleu ciel brillant, porteuse d'un plateau avec quelques verres de cognac et de whisky. Elle lança un coup d'œil à Tchakovitch et entra sans frapper chez le maire. Un nouveau flot de paroles et de rires s'échappa, laissant présager une séance longue et animée. Quand la porte s'ouvrit à nouveau et que la serveuse réapparut, son plateau vide à la main, Tchakovitch se précipita sur la poignée. La femme passa, l'air ébahi, tandis qu'il prenait sa place. Il regarda dans le bureau de Milin et vit, derrière un nuage de fumée grise, des inconnus qui parlaient tous à la fois, vautrés dans des fauteuils épars, à bonne distance de la table. Il ne reconnut pas Milin avant que celui-ci ne se lève vivement et ne le rejoigne dans l'autre pièce, laissant le bruit de voix derrière lui. Ils se trouvèrent face à face. Le visage de Milin, très nettement empourpré, frémissait encore, son rire ne l'avait pas quitté, et c'est avec cette expression joyeuse, les yeux pleins de gaîté, qu'il s'adressa à Tchakovitch :

« C'est moi que tu cherches ? »

« Oui, c'est toi. Excuse-moi, mais c'est toujours au sujet de l'appartement. »

« Ça va, ça va. » Milin était toujours souriant. « Qu'est-ce qui se passe ? Tout va bien ? »

« Non, malheureusement. » Les coins de la bouche de Milin retombèrent et il se mit à ressembler de façon saisissante au défunt Grouïa. « J'y suis allé, tu sais, mais figure-toi que ce vieux professeur, c'est notre ancien professeur de hongrois à Grouïa et à moi. Elle nous a aidés quand on nous a renvoyés de l'école, c'est même elle qui a averti les autres de s'enfuir. »

Il s'interrompit et leva les bras en signe d'impuissance.

« Et alors ? » demanda Milin, comme s'il ne comprenait pas.

« Alors, je n'ai pas le cœur de la mettre à la porte de chez elle, voilà ce qu'il y a. »

Milin fixa un instant sur lui un regard incrédule, puis il se détendit et prit un air compréhensif.

« Écoute, mon cher, reprit-il, entendons-nous bien. Ce n'est pas toi qui la mets à la porte. Cette affaire est réglée par décision du tribunal. »

« Elle a fait appel. »

« Mais elle perdra. »

« Oui, bien sûr, je sais. Mais quand même. Il faut faire attention. Je veux dire, n'y aurait-il pas d'autres appartements de ce genre dans le centre, sans que ce soit nécessairement le sien ? »

Milin secoua la tête, tout en considérant Tchakovitch avec curiosité. « Il n'y en a pas un seul. »

L'entretien était visiblement terminé et Milin se disposait à retrouver la compagnie qui l'attendait ; il retournait déjà sur ses pas. Mais il s'arrêta soudain, son regard devint plus aigu et plus grave, puis il sourit – ce n'était plus le sourire rayonnant qui l'accompagnait à son arrivée, mais une grimace, et son visage avait repris sa couleur habituelle –, et il posa la main sur l'épaule de Tchakovitch.

« Ne t'en fais pas. Si ce n'est pas toi qui prends l'appartement, ce sera quelqu'un d'autre. Tu ne lui fais donc ni bien, ni mal. Tu n'y peux rien. Nous t'informerons de la décision et tu n'auras qu'à l'exécuter. D'accord ? » Il cligna de l'œil et lui pressa l'épaule. « Laisse-toi faire, mon ami. Tu y as droit, tu comprends ? »

« Oui, je comprends », répondit Tchakovitch, encore peu convaincu.

« Ah, voilà, je t'aime mieux comme ça. Tu n'as plus qu'à attendre le verdict. » Il le poussa doucement, retira sa main, reprit son sourire insouciant et, tournant les talons, repartit vers son bureau. Au moment de fermer la porte, il lui fit signe de la tête, le salua, et disparut.

C'était donc décidé, songea Tchakovitch avec un soupir, en rentrant chez lui. Il était triste, mais soulagé de s'être débarrassé de ses scrupules, d'autant que ce n'était pas lui qui avait pris la décision, mais un autre, qui connaissait pourtant toute l'affaire. Mais le pouvoir est sans merci, conclut-il en hochant la tête, comme si c'était lui qui était frappé. Car, s'il oubliait ses intérêts personnels, il prenait le parti de son ancien professeur : il ressentait toute la violence qui était faite aux habitudes de celle-ci, à sa volonté de continuer à vivre selon son gré. Et ceux-là qui, derrière la porte capitonnée, buvaient gaiement du cognac, affalés dans leurs fauteuils, sans se préoccuper d'autre chose que d'eux-mêmes ! Milin occupera certainement un appartement de quatre ou cinq pièces dans un immeuble neuf, et il ne se demandera pas, lui, si c'est trop grand pour sa famille ; d'ailleurs, même s'il se retrouvait là tout seul avec sa femme, l'idée ne lui viendrait pas de laisser son appartement à quelqu'un qui pourrait en avoir plus besoin que lui. Il aimait mieux prendre ses aises.

Ces pensées le menèrent jusque chez lui. De la porte, à sa femme qui sortait de la chambre, un lourd plateau dans les mains

– elle lui rappela la serveuse de la mairie –, il lança avec hauteur, comme une aumône : « Voilà, tu l'auras, ton appartement. Et dans le centre. Trois pièces, spacieuses et confortables. » « Oui ? » s'écria-t-elle joyeusement. Elle s'arrêta. « Quand est-ce que nous irons le voir ? » « Jamais ! » répliqua-t-il méchamment, sans hésiter. « Je l'ai vu et cela suffit, cette fois. Il n'y a plus le choix, le maire me l'a laissé entendre. »

Cette opposition au désir de sa femme le réjouit : la considérant coupable de toute cette affaire, il n'était pas mécontent de la punir un peu. Mais il comprit, les jours suivants, que son refus était trop lourd de responsabilité. Sa femme annonça la nouvelle aux enfants, qui tous deux le harcelaient maintenant. Ils renchérissaient sur les vœux de leur mère, Yasnitsa faible et soupçonneuse, le petit Milan étourdi et égoïste. « Où allons-nous habiter ? À quel étage ? Il y a un jardin ? Y a-t-il de la place pour un chien ? La terrasse est grande comment ? » Il répondait évasivement et de mauvais gré, tout en pensant : « Oui, vous vous précipitez là-dessus comme si c'était votre bien, comme si cela vous était dû ! Mais moi, à cause de votre avidité, je perds mon honneur ! » Enfin, n'y tenant plus, profitant du fait que les enfants n'étaient pas ce soir-là à la maison, il exposa à sa femme son problème de conscience. Elle l'écouta, les yeux écarquillés – ses mains occupées à coudre s'arrêtèrent toutes seules –, puis elle devint rêveuse. « Et c'était justement ton professeur de lycée ? » « Oui, c'est justement elle », confirma-t-il en insistant, comme si chaque mot lui ôtait un peu de son fardeau, de sa responsabilité. « Justement la seule personne qui soit venue à notre secours quand nous étions dans l'embarras. La seule qui se soit conduite honorablement pendant l'Occupation, alors que personne ne lui demandait rien et n'attendait rien d'elle. » « Une femme généreuse », dit madame Tchakovitch, le visage blanc et plein en feu. « Peut-être alors qu'elle ne regrettera pas de nous laisser son appartement. » Il sursauta, indigné. « Sottises ! Alors, cela veut dire que toi, tu accepterais de céder ton appartement à quelqu'un qui en a plus besoin que toi pour aller vivre dans un plus petit que l'on te jetterait comme un os à un chien. » « Mais à moi, il me faut un appartement plus grand, pas un plus petit », protesta-t-elle. Il rétorqua triomphalement : « Tout le monde a besoin d'un appartement plus grand. Tout le monde aime les appartements beaux et spacieux, pas seulement toi et tes enfants. Et cette pauvre femme qui doit encore se battre pour son appartement ! » « Mais tu as dit qu'elle avait perdu son procès. » « Comme d'habitude, la justice a pris parti pour la commune, pas pour un vieux professeur à la retraite, tiens ! » La femme haussa les épaules : « En tout cas, elle va perdre son appartement, que ce soit toi qui le prennes ou un autre. Alors, il n'y a aucune raison qu'elle t'en veuille. » « La question n'est pas là ; c'est un problème de droit. Pendant la guerre aussi les occupants ont réquisitionné des appartements, et ceux qui s'y sont installés étaient des ordures, c'est tout. »

Elle se tut et ne répliqua pas comme il s'y attendait, comme il l'espérait presque : « Mais ce n'est plus 1'Occupation. » Elle combattait ses scrupules avec les mêmes arguments que Milin : il n'allait au fond s'approprier que ce qui était déjà confisqué et n'appartenait donc plus à personne, et cette coïncidence le soulageait et l'irritait à la fois. Oui, pensait-il, la faute en incombe tout entière à la commune, c'est la faute du pouvoir impersonnel et il n'en était que le bénéficiaire – pas même l'exécuteur. Il se disait aussi que, sans bénéficiaire, toute violence envers Wilma Sündholz serait inutile, impossible même.

Il se souvint de son père, qu'au nom du pouvoir il avait conduit au suicide, ce qui aurait en tout cas eu lieu, puisqu'il y a toujours quelqu'un pour ce genre de travail ; peut-être même valait-il mieux que ce soit arrivé par lui, pour l'exemple et pour sa réputation personnelle ; mais s'il avait flanché, si tous ceux qui l'avaient remplacé avaient flanché, son père ne serait pas mort alors, mais beaucoup plus tard seulement et pas comme ça. Et puis, on avait fini par renoncer à la collectivisation forcée parce que nombreux étaient ceux qui flanchaient – jusqu'aux chefs. Mais lui, il avait payé cher sa précipitation et son arrogance, autant dire sa bêtise, par la mort atroce de son père et par la ruine de sa carrière ; il était obligé maintenant de quémander, d'usurper au lieu de recevoir, comme Milin, ce qui n'appartenait à personne.

Là, il s'embrouilla pourtant dans son raisonnement. Il comprit que Milin dans le cas présent, en donnant un appartement au camarade de son frère mort, n'allait pas dans le sens du pouvoir, mais au contraire dans celui de l'opportunisme le plus égoïste, qu'il avait lui-même dépassé. Mais n'était-ce pas justement cela qui l'avait rendu malheureux ? S'il avait été égoïste, s'il avait été opportuniste, il n'aurait jamais trouvé la force de se mettre devant son père et de lui crier : « Ou tu donnes ta terre à la zadruga ou je te tue avec ce pistolet. » Il aurait lâchement évité le conflit, il aurait fui le village, la maison, ou bien il se serait mis d'accord avec son père ; il se serait demandé si cela valait la peine d'appliquer les mesures à la lettre, et ils auraient attendu la détente, en se réjouissant d'avoir sauvé leur terre. Peut-être aurait-il mieux valu amasser, travailler pour soi-même et pour les siens, ne pas contrarier son propre instinct, n'écouter que ses intérêts et, avec un odieux opportunisme, laisser passer la tempête ?

Ces pensées contradictoires l'éloignaient peu à peu de Wilma Sündholz. C'était comme s'il avait rompu avec elle. Depuis l'entrevue qu'ils avaient eue dans l'appartement qui allait bientôt devenir le sien, il ne pensait plus à elle qu'avec répugnance : il lui semblait qu'elle faisait preuve d'une incompréhension et d'un entêtement surprenants de la part d'une femme qui incarnait pour lui depuis des années la tolérance et la sagesse. Il finissait même par ne plus voir en elle qu'une petite bourgeoise. Voilà ce qu'elle était devenue avec l'âge : une vieille fille qui se cramponne aveuglément, convulsivement, à ce qu'elle possède, sans se préoccuper de savoir si elle en a encore besoin. C'était une constatation décevante, qu'il laissa néanmoins venir à sa conscience avec une obscure satisfaction, se considérant du même coup dispensé de remords. Il espérait ne plus avoir à s'occuper de cette affaire qu'il avait d'ailleurs déjà réussi à confier à d'autres ; il s'efforçait d'oublier.

Mais un après-midi qu'il s'apprêtait à sortir pour se débarrasser de la présence des siens, on sonna à la porte. Comme il ouvrait, il se trouva nez à nez avec un jeune couple. L'homme avait des cheveux plats et brillants, et la femme, grosse, un chapeau à larges bords. Ils déclarèrent qu'ils désiraient visiter l'appartement, car il leur était promis. Tchakovitch leur ouvrit toute grande la porte, surpris et confus du désordre qui régnait dans la pièce du fond, celle où Yasna se reposait. Il ne s'attendait pas à ce que d'autres personnes fussent impliquées dans son déménagement. Il exprima son étonnement aux jeunes gens tandis qu'ils inspectaient les pièces avec une avidité de propriétaires, échangeant des remarques à mi-voix ; le jeune homme ne put que répéter ce qu'il avait déjà dit : que la mairie, où il travaillait comme inspecteur de la santé, lui avait promis cet appartement, si cela lui convenait. « Et le professeur Sündholz ? » demanda Tchakovitch, découvrant du même coup qu'il avait toujours imaginé que ce serait elle qui s'installerait ici. Le jeune homme était perplexe : « Un professeur ? » Puis il se frappa le front. « Ah oui, on m'a parlé d'un professeur ; elle doit prendre mon appartement, mais nous ne l'avons pas encore vue. Il paraît qu'elle proteste et qu'elle a même un procès avec la commune, mais elle sera expulsée par la police. » « Par la police ? » frémit Tchakovitch. « Qu'est-ce que cela signifie ? » – « Cela signifie : avec la participation de la police, de force », expliqua le jeune homme avec une moue hautaine. Atterré, il laissa ensuite le jeune couple tourner dans l'appartement, il regarda sans rien dire l'homme tirer un mètre pliant de la poche de son manteau et mesurer les murs autour du divan où Yasna était étendue, une couverture sur elle, et la jeune femme noter ces mesures sur un petit carnet de cuir bleu qu'elle avait pris dans son sac. Mais lorsqu'ils partirent, en s'excusant pour le dérangement et en exprimant leur satisfaction, Tchakovitch se raccrocha à la question restée en suspens : « Et où habitez-vous ? Quelle est la taille de votre appartement ? » La jeune femme gazouilla, la première : « Oh, ce n'est qu'une pièce dans un grenier avec un réduit qui fait office de salle de bains. » Et, s'adressant à madame Tchakovitch sur le ton de la confidence : « C'était bien tant que nous étions jeunes, mais maintenant que nous attendons un bébé... » Elle serra les lèvres et regarda son mari par en dessous. « C'est le dernier moment pour nous occuper de trouver quelque chose de plus grand. »

Quand ils furent partis, il chercha à se remémorer la description qu'ils avaient donnée de leur appartement. Un grenier, « quelque chose qui s'appelle salle de bains » : de quoi cela avait-il l'air ? Wilma Sündholz n'avait même pas vu l'endroit, par dépit ; alors, comment savoir si cela lui convenait, même à peu près ? Il était presque résolu à y aller voir à sa place pour se faire une opinion, mais il avait oublié de prendre l'adresse du jeune couple. À dire vrai, il pouvait l'obtenir auprès de Krasoïevitch, à la mairie, sous un prétexte quelconque. Mais le temps qu'il s'y décide, il avait déjà compris toute l'absurdité de son idée : même s'il trouvait l'appartement convenable, le professeur pouvait être d'un autre avis. Il savait qu'elle répugnait à partir de toute façon, il comprenait ce que cela pouvait représenter pour des gens âgés, fossilisés dans leurs habitudes. Il prit peur, sauta du divan où il était étendu : allait-il encore provoquer une tragédie avec ses bonnes intentions ? C'était bien possible. Il regarda dehors. Il pleuvait. L'obscurité tombait déjà, car on était maintenant en novembre. La seule idée de déménager lui fit froid dans le dos. L'hiver veut que l'on reste où l'on est. Il le sentait dans son corps vieillissant ; c'est l'époque des rhumes, de la goutte, des habitudes. La vieille ne pouvait pas affronter ce bouleversement qu'elle n'avait pas souhaité. Que faire ? Il lui vint alors à l'esprit une solution charitable : il lui offrirait de passer l'hiver dans son ancien appartement ; elle n'aurait qu'à rassembler ses affaires dans une pièce tandis qu'ils occuperaient les deux chambres restantes. Ils tiendraient bien ainsi jusqu'au printemps, en s'entraidant, ou plutôt en l'aidant elle, qui était plus faible. Et qu'adviendrait-il du grenier, alors ; comment éviter que quelqu'un ne s'y installe par surprise ?

Il pourrait y emménager lui-même avec un lit, une armoire et une table, pour l'hiver, aussi longtemps qu'elle le voudrait, et même pour le restant de sa vie, afin qu'elle pût finir ses jours en paix, dans le cadre auquel elle était accoutumée et qu'elle aimait. Cette idée l'emplit d'espoir ; il imagina comment il s'organiserait, s'occuperait du poêle, se ferait une cuisine simple, avec la bonne conscience d'aider son prochain, mais sa joie même le dérouta. Ferait-il vraiment tout cela pour elle, ou bien plutôt pour lui-même, pour se libérer du poids de sa famille, de ce fardeau insupportable qui l'avait amené à faire contre sa volonté des démarches qu'il réprouvait ? Se débarrasser d'eux : de sa femme, de son fils, de sa fille. Cette idée le transporta ; bien plus, il aurait adoré s'installer chez Wilma Sündholz ou qu'elle vînt chez lui. Deux renégats à cette société, deux retraités de ce monde irrespectueux, cupide, insatiable, unis dans leur abandon.

Cette éventualité commençait à l'amuser, à la manière d'une rêverie confuse ; il se sentait envahi de paix, de joie. Il lui semblait qu'il pourrait, en s'alliant à la vieille femme, atteindre enfin cette harmonie qu'il avait toujours recherchée, malgré les injustices dont il avait été victime, face aux exigences de savoir et d'intelligence cynique imposées par la ville. Il n'y avait que chez Wilma Sündholz, pendant les cours qu'elle leur donnait gratuitement, à ses camarades proscrits et à lui-même, pendant cette heure quotidienne de chaleur et de sécurité dans un foyer bourgeois, citadin, qui n'était cependant ni suspect, ni inamical comme les autres, il n'y avait que là qu'il se sentît en harmonie avec le monde, nulle part ailleurs : ni chez son père qui l'avait forcé à partir s'instruire en ville, ni dans le mouvement où sa pureté s'était heurtée aux exigences de l'adaptation, à l'indulgence envers les riches marchands de la campagne, à l'abandon de la collectivisation des terres. Partout, il était trop strict, trop intransigeant, sauf chez elle, abandonné à ses soins et à ses directives ; et son aspiration à la protéger n'était autre que le besoin de retrouver encore une fois sa protection.

Dès qu'il en prit conscience, il lui devint impensable d'agir comme il l'avait rêvé, ni même d'y songer, car il refusait la fuite. Il fallait que ce soit elle qui l'appelle au secours – il lui soumettrait alors son idée sans fausse pudeur. Il comprenait, bien sûr, ce que représentait cette décision ; mais il n'en trouvait pas de meilleure. Il attendit que Wilma Sündholz se manifestât ; il espérait qu'elle viendrait se plaindre à lui, quand elle aurait réfléchi et surmonté son dépit. Mais il n'en entendit pas parler. La mairie avait déjà communiqué sa décision concernant le nouvel appartement ; un coursier avait remis l'acte à sa femme le matin même. L'enveloppe était posée sur la table, contre le vase, comme si elle accompagnait l'envoi d'un bouquet. Il le lut : le pli indiquait l'adresse exacte et les dimensions de l'appartement du Vieux-Boulevard, ainsi que le nom de l'ancien bénéficiaire, le professeur Wilma Sündholz, et en bas, sous le sceau et la signature de Krasoïevitch, la liste des personnes à qui cette nouvelle avait été communiquée ; le professeur en faisait partie. Elle savait donc déjà que l'étau se refermait sur elle et peut-être n'y avait-il plus aucune chance qu'elle l'appelle maintenant.

Sa femme avait organisé une petite fête dans la pièce du fond pour célébrer la bonne nouvelle ; elle avait pour la circonstance tiré la rallonge de la table de Yasna et l'avait couverte d'une nappe blanche empesée où s'alignaient de bons plats froids à côté d'une bouteille de vin. Ils se régalèrent, burent même au nouvel appartement, le petit Milan devint un peu rouge, tint des discours décousus. Cela les mit en joie. Mais lui, tout en participant au festin, à la conversation, à l'hilarité générale, tendait sans cesse l'oreille vers l'entrée pour entendre si l'on sonnait, pour ouvrir au professeur, la faire entrer dans sa chambre, écouter ses plaintes, ses appréhensions et la rassurer. Elle pourrait demeurer ici puisqu'elle le souhaitait. Après avoir raccompagné la vieille femme, il annoncerait à sa famille réunie près de la table encore chargée des restes du repas : « Vous savez la nouvelle ? Mademoiselle Sündholz va loger quelque temps avec nous dans le nouvel appartement ! » Il se réjouissait méchamment à l'avance de leur déception : « Et qu'aurons-nous en échange ? » « Rien, répondrait-il, mais cela m'est égal : après tout, c'est vous qui vous êtes fourrés dans ce guêpier. »

Mais ce n'était là que le prolongement de sa rêverie, noyée dans le vin de la fête. Ce ne fut pas la porte qui sonna, mais le téléphone, sur son bureau à la Direction du chanvre, le lendemain matin, juste comme il venait de s'asseoir devant les derniers rapports arrivés par la poste. Quand il décrocha, il entendit une voix masculine dans laquelle il reconnut, à ses explications plus qu'à son nom, le visiteur au mètre pliant. Il lui dit qu'il appelait d'une cabine publique, que le déménagement était pour aujourd'hui, qu'il avait déjà tout expliqué à madame Tchakovitch. « Attendez, attendez », l'arrêta Tchakovitch en regardant par la fenêtre les arbres ployer sous le vent et les grosses gouttes de pluie. « Comment, aujourd'hui ? Pourquoi une telle hâte ? Regardez le temps qu'il fait ! » « Aujourd'hui, aujourd'hui ! » cria l'autre dans l'écouteur, presque triomphalement. « Ce sont les ordres de la mairie. » Tchakovitch réfléchit, imagina mademoiselle Sündholz, fragile et malheureuse, obligée de déménager brusquement, un jour de pluie et de grand vent. Comprenant que ce qu'il avait lâchement refusé d'envisager jusqu'à présent était maintenant arrivé, le sang lui monta à la tête ; il s'affola : « Et moi, je refuse que ce soit aujourd'hui !

Il faut tout préparer d'abord ! » Il y eut un éclat de rire à l'autre bout du fil, qui se transforma en un hurlement suivi d'un juron : « Comment ça, préparer, bon Dieu ? La voiture contenant mes affaires attend déjà devant votre porte ; on m'a ordonné ce matin de faire place nette pour le vieux professeur. Vous êtes pris dans des déménagements en chaîne, comprenez-le bien et venez sur-le-champ ! » Tchakovitch hésita, l'autre attendit un moment, puis rugit de nouveau dans le combiné : « Alors, vous venez, oui ou non ? » Tchakovitch n'avait plus qu'à céder, furieux : « Évidemment que je viens, puisque c'est comme ça. Mais je peux vous dire que c'est une vraie cochonnerie ! » Il raccrocha l'appareil avec violence.

Il dit à ses collègues qu'il devait partir d'urgence, pour toute la journée, mit son manteau et sortit. Le vent plaquait son pardessus, de grosses gouttes de pluie lui fouettaient le visage. Il se dirigea à grands pas vers le Vieux-Boulevard pour vérifier l'ampleur de la catastrophe. Mais comme il se trouvait aussi sur le chemin de sa maison, il passa y jeter un coup d'œil. Il y avait bien une voiture devant la porte, de lourds chevaux balançaient la tête, des gens s'agitaient sur le trottoir. Il était impossible de ne pas monter un instant ! Il baissa la tête comme un coupable et se dirigea vers chez lui.

Les hommes sur le trottoir étaient des cochers et des porteurs, et, quand il arriva à leur hauteur, ils venaient juste de détacher les sangles qui retenaient l'amoncellement de meubles au sommet de la voiture. Ils ne firent pas attention à lui, il pénétra dans l'immeuble et se mit à monter. La porte de l'appartement était grande ouverte, il se heurta à un homme en pardessus beige et dans la première pièce il se trouva nez à nez avec sa femme habillée d'un manteau et coiffée d'un foulard. « Qu'est-ce qui se passe ? » demanda-t-il comme s'il ne savait pas. « Nous déménageons, voilà tout », répondit-elle, plus préoccupée que joyeuse. « C'est bien que tu sois là, pour surveiller. Je suis seule, j'ai envoyé Yasna chez les voisins. » « Pour surveiller quoi ? » interrogea-t-il. « Eh bien, nos affaires, pendant qu'on les charge. Le nouveau locataire dit que nous devons les emporter immédiatement pour qu'il puisse mettre les siennes. » « C'est lui qui le dit. Et où est-il ? » « Peut-être devant la maison. »

Il descendit, sans lui dire qu'il n'avait pas vu l'homme en arrivant ; il avait besoin de sortir, de faire quelque chose, sous la pression de cette décision irrévocable, insensée. Cette fois-ci, il trouva le nouveau locataire debout devant la porte, près d'une table déjà mouillée. « Et alors ? » lui lança-t-il en s'approchant. Le jeune inspecteur sourit amèrement et leva les bras au ciel : « Eh bien, vous voyez, je suis dans la rue, sous la pluie et je dois décharger. J'ai envoyé quelqu'un là-haut pour vous aider à emballer. » « Mais comment emballer si je n'ai pas de moyen de transport ? » – « Vous en aurez, répliqua le jeune homme. Vous pourrez prendre cette voiture et ces gens dès qu'ils auront fini avec mes affaires. Un chargement coûte vingt mille dinars. »

Il dut admettre que c'était la seule solution et remonta lentement, à contrecœur. Sa femme et l'homme au pardessus beige empilaient des vêtements dans une grande caisse. Il s'arrêta un moment près d'eux, puis il se mit à les aider, mais il comprit vite qu'il était de trop, du moins dès que le contenu de l'armoire fut rangé dans la caisse. Il se sentait impatient de les quitter et le redoutait à la fois ; il tourna un moment autour d'eux, rajoutant quelque chose ici ou là. Enfin il demanda à sa femme : « Y aura-t-il assez de caisses ? Le monsieur a promis de nous donner les siennes quand il les aurait vidées. » Autrement dit, il devait partir. Il dit à sa femme : « Écoute, je vais à l'appartement. » Elle s'étonna, s'arrêta et se tourna vers lui : « Qu'est-ce que tu vas y faire ? » « Je vais chez le professeur ! », répondit-il ; il fut pris d'une rage bienfaisante. « Il faut que tu comprennes, elle est vieille, elle est seule et elle déménage par ce temps horrible. Le moins que je puisse faire, c'est de l'aider. » Sa femme le considéra d'un air réprobateur, puis son expression s'adoucit. « Bon, nous y arriverons tout seuls. Milan viendra à midi. » « C'est bien, alors je m'en vais. » Il partit, mais des cris lui parvinrent dans l'escalier : « Branko ! Branko ! » Il se retourna et la vit appuyée sur la rampe. « Qu'est-ce qu'il y a ? » « Alors tu restes là-bas et tu attends les affaires que je t'envoie dans la première voiture. » Il fit un signe affirmatif.

Il marchait vite dans la rue, butant sur toutes les inégalités du trottoir comme si ses jambes étaient molles. Il savait qu'il était en retard, pas seulement parce qu'il devait en principe aujourd'hui mettre la main à la pâte, mais parce qu'il n'avait apporté aucune aide à son ancien professeur. Il se dépêchait maintenant que tout était fini, gâché, de la même façon qu'il s'était hâté d'aller voir son père mort, alors qu'il n'y avait plus rien à faire.

En débouchant sur le Vieux-Boulevard, il vit un camion du côté de chez le professeur et il sut dès lors qu'ils avaient commencé à déménager eux aussi. Il s'approcha. Deux hommes portaient une armoire sombre avec une longue et large courroie, bloquant ainsi toute la cour. Il attendit qu'ils fussent sortis et entra. Il se trouva pris dans un épouvantable courant d'air glacé qui l'obligea à serrer son manteau contre lui. Quand il se fut rajusté, il distingua dans la demi-obscurité du vestibule, à côté du premier palier, une montagne de meubles entassés que semblait garder la silhouette impassible d'un policier. Tchakovitch, bien que prévenu quelques jours auparavant de la présence d'un représentant de l'ordre, se réveilla à sa vue et s'avança timidement. « Vous êtes là pour le déménagement ? » Le policier, un homme jeune avec de longues oreilles et un nez charnu, rouge, se tourna lentement. « Et vous, qui êtes-vous ? » « Moi ? » s'étonna Tchakovitch, qui répondit grossièrement, malgré lui : « Le nouveau locataire, évidemment ! » Le policier le toisa et hocha la tête, visiblement prêt à se détourner une nouvelle fois. « Et où est-elle ? » demanda Tchakovitch avec inquiétude. « Qui ? » « Mais mademoiselle le professeur. » Le policier, après avoir réfléchi, comme s'il ne le comprenait pas, leva le bras et montra du pouce une forme derrière son dos, et Tchakovitch, en suivant son geste des yeux, distingua au milieu de la montagne de meubles, dans un fauteuil profond, un scintillement de lunettes, noyé dans la pénombre. Il avança avec hésitation et, en se baissant, aperçut Wilma Sündholz tapie, dans un manteau dont le col remonté dissimulait la moitié de sa petite tête enveloppée d'un foulard, comme tout à l'heure la grosse tête ronde de la femme de Tchakovitch ; elle se tourna doucement vers lui, et le sourire bien connu apparut sur ses lèvres fines.

« Madame ! » s'écria-t-il, bouleversé à la fois par son sourire inattendu, qui lui faisait l'effet d'un reproche, et par le souvenir de l'arrogance de sa propre arrivée, redoublée par son dialogue avec le policier. « Madame, mais que faites-vous ici ? Il y a un courant d'air, vous allez prendre froid ! Pourquoi n'êtes-vous pas dans l'appartement ? »

Elle haussa les épaules sans que son lourd manteau, remonté, ait seulement bougé ; elle le considéra à travers ses lunettes et secoua la tête en direction du policier. « Cet homme m'a dit de descendre. »

« Vous ? » Tchakovitch se tourna vers le policier et le toisa d'un air menaçant.

« Moi », confirma celui-ci tranquillement, puis, comme mû par quelque chose, il fit un pas vers eux.

« Et pourquoi ? »

« Ce sont les ordres. »

« Mais c'est un ordre idiot », s'indigna Tchakovitch. « Madame est âgée, il y a un courant d'air, ici, il fait froid, vous ne voyez pas ? »

Le policier leur jeta seulement un coup d'œil. « Dès que les choses seront chargées, elle pourra aller dans le camion et dans son nouvel appartement. »

« Mais c'est mon appartement, ici ! Et en tant que propriétaire, je l'invite en haut, chez moi. D'accord ? » Il s'inclina à nouveau vers elle. « Venez, mademoiselle Sündholz. »

Il la saisit sous le bras et constata avec une surprise attendrie combien ses muscles étaient menus, presque inexistants, sous l'épais tissu. Il sentit alors glisser sur ses épaules quelque chose de lourd et de dur et quand il se retourna, il vit au-dessus de lui le ventre et le buste du policier. « Qu'est-ce que tu veux ? » Il tressaillit avec dégoût et s'écarta.

Le policier le suivit et pressa son ventre tendu par le ceinturon contre Tchakovitch. « Vous, camarade, je vous prie de monter dans votre appartement », dit-il d'une voix mordante, tout à fait transformée. « Et la camarade restera ici jusqu'à ce que ses affaires soient chargées. »

Tchakovitch le regarda, son jeune visage épais, ses petits yeux stupides, son nez tombant au bout duquel pendait, brillante, une goutte transparente. Il fut tenté d'envoyer un coup de poing sur ce nez humide, mais outre qu'il savait qu'il se mettrait ainsi dans une situation inextricable, il ne pouvait se permettre d'attaquer le représentant officiel du régime qu'il avait lui-même instauré.

« Vous n'avez pas de mère ? » siffla-t-il, à bout d'arguments.

Le policier répliqua vivement : « Et vous, vous en avez une ? »

Ils se toisèrent quelques instants en silence, jusqu'à ce que la fureur de Tchakovitch ait fait place à de la tristesse, qui envahit soudain tout son corps, anéantissant toute sa force. Il baissa les épaules et détourna les yeux.

Deux porteurs arrivèrent alors de la rue et gravirent l'escalier d'un pas lourd ; Tchakovitch se retourna et les suivit, comme s'ils lui avaient montré le chemin, la sortie. Ils montèrent d'un pas égal au deuxième étage et pénétrèrent dans l'appartement dont les portes, comme chez Tchakovitch, étaient grandes ouvertes. La première pièce était déjà vide et les porteurs, sans s'arrêter, passèrent dans la suivante d'où s'échappa un instant plus tard une discussion bougonne. Tchakovitch, ne sachant que faire, alla à la fenêtre. Il contempla le boulevard sous un rideau de pluie, qui transformait les immeubles et leurs inscriptions, les trottoirs et les endroits familiers, en une masse grise, sale, d'une uniformité menaçante, sans signification et sans importance. Non, il n'avait pas de mère, sa mère était morte lorsqu'il était encore enfant ; il ne se souvenait que de sa belle-mère, et il sut alors que, à cause de cette pitoyable mère de substitution, il n'avait cessé tout au long de sa vie de chercher, en vain, la chaleur et la lumière.

TABLE DES MATIÈRES

Mis en pages par DV Arts Graphiques à Chartres,
cet ouvrage a été achevé d'imprimer
par l'imprimerie Darantiere à Dijon-Quetigny,
en janvier 2007

Imprimé en France

Dépôt légal : février 2007
N° d'impression : 26-2074